Jana Wienken

Feministischer Aktivismus und Öffentlichkeit in Social Media

Raumfüller oder Vehikel für gesellschaftliche Veränderungen?

Bibliografische Information der Deutschen Nationalbibliothek:

Die Deutsche Nationalbibliothek verzeichnet diese Publikation in der Deutschen Nationalbibliografie; detaillierte bibliografische Daten sind im Internet über http://dnb.d-nb.de abrufbar.

Impressum:

Copyright © Studylab 2018

Ein Imprint der Open Publishing GmbH, München

Druck und Bindung: Books on Demand GmbH, Norderstedt, Germany

Coverbild: Open Publishing | Freepik.com | Flaticon.com | ei8htz

Inhaltsverzeichnis

1 Einleitung

Die Begriffspaare *privat* und *öffentlich*, sowie die dazugehörigen Subjekte Privatsphäre, oder Privatheit, und Öffentlichkeit, haben mit der sich rasant verbreitenden Nutzung und ansteigenden Relevanz von Social Media in den letzten Jahren wieder eine zunehmend wichtige Rolle in den Debatten um gesellschaftliche Veränderung eingenommen. Der Begriff des Privaten hat im Zusammenhang mit Social Media vor allem dort an Bedeutung gewonnen, wo es um die Preisgabe bzw. den Verlust privater Informationen geht. Besonders relevant scheint die Unterscheidung zwischen Privatem und Öffentlichem immer dann, wenn etwas öffentlich wird, das nach den vorherrschenden Grenzziehungen zwischen den beiden Bereichen, in den Bereich des Privaten gehört und diesen auch nicht verlassen sollte. Hitzig sind die Diskussionen vor allem bei der Sorge um den Verlust der Privatsphäre und das Öffentlich-Werden von privaten Daten durch sogenannte Daten-Leaks oder unaufgeklärte bzw. naive Nutzung von Social Media Plattformen. Auch die Wissenschaften beschäftigen sich vermehrt mit dem Einfluss von Sozialen Medien auf die klassische Grenzziehung zwischen den bipolaren Sphären. Viel wird das anscheinend wachsende Bedürfnis des Öffentlich-Machens der eigenen Person diskutiert, das mit der Selbstinszenierung auf Social Media Plattformen einhergeht. Die Frage nach dem Zusammenhang zwischen der eigenen Identität und der Darstellung auf Social Media, sowie dem Bedürfnis nach Anerkennung durch ein großes Onlinepublikum und der Akzeptanz des eigenen Selbst, kommt immer wieder auf. ForscherInnen beschäftigen sich auch verstärkt mit dem Einfluss der sich verändernden Dynamik in den Bereichen von Öffentlichkeit und Privatheit auf das KonsumentInnnenverhalten, sowie die verschiedenen Bereichen der Politik. Was dabei allerdings selten betrachtet wird, ist ob, und wenn ja wie, Veränderungen in den Grenzziehungen zwischen den beiden Bereichen sich auf die, auf Kategorisierungsstrukturen basierenden, Machtverhältnisse auswirken könnten. An diesem Punkt soll in dieser Arbeit angesetzt werden. Spezifisch sollen dabei der Zusammenhang zwischen der Strukturkategorie Geschlecht und Zugang zu, sowie Repräsentation in, Öffentlichkeit betrachtet werden. Social Media werden dabei in zweierlei Hinsicht relevant. Zum einen soll die Untersuchung einer feministischen Social Media Kampagne als Indikator für ein, immer noch vorherrschendes, Ungleichgewicht im Geschlechterverhältnis in Relation zu Öffentlichkeit dienen und dementsprechend untersucht werden. Zum anderen soll dieselbe Kampagne auch beispielhaft für die Einflussmöglichkeiten von Social Media auf geschlechterspezifische Öffentlichkeitsstrukturen analysiert werden. Dabei soll den folgenden zwei Thesen nachgegangen werden:

1. In den aktuellen Gesellschaftsstrukturen gibt es nach wie vor ein Geschlechtergefälle, sowohl im Zugang zu, als auch in der Repräsentation in Öffentlichkeit. Frauen wird traditionell der Bereich des Privaten zugewiesen und der Zugang zur Öffentlichkeit erschwert. Ein Erscheinen in der Öffentlichkeit ist damit nur unter sehr spezifischen Voraussetzungen möglich. Social Media dienen sowohl als Indikatoren für diese Ungleichheit, als auch als Vehikel um diese Erkenntnis weiterzuverbreiten und zu kritisieren.

2. Social Media haben Einfluss auf die Grenzziehungen zwischen den Sphären der Dichotomie von *öffentlich* und *privat*. Damit besitzt das Medium die theoretischen Voraussetzungen auch auf die zugrunde liegenden geschlechterspezifischen Machtstrukturen einzuwirken.

Um beide Thesen akkurat überprüfen zu können, soll in dieser Arbeit wie folgt vorgegangen werden: Zunächst soll die Dichotomie von Öffentlichkeit und Privatsphäre als ein gesellschaftliches Konstrukt entlarvt werden. Dazu wird eine kurze Einführung in die Entwicklungen der Begrifflichkeiten gegeben, die die Bedeutungsschwankungen und die damit einhergehende Instabilität und Kontextabhängigkeit des Begriffspaares, vor allem aber den Begriff des Öffentlichen, nachvollziehbar offenlegen soll. Im Anschluss werden die klassischen Theorien und Gedanken zur Struktur der Öffentlichkeit zusammengefasst, da diese zum einen nach wie vor die Grundlage für die meisten aktuellen wissenschaftlichen Auseinandersetzungen mit der Thematik bilden, zum anderen aber auch die *konstruierte Natur* des bipolaren Begriffspaares sowie dessen Abhängigkeit von gesellschaftlichen, wirtschaftlichen und medialen Veränderungen bereits in Ansätzen deutlich machen. In dem darauffolgenden Abschnitt wird speziell auf den Zusammenhang zwischen Medien und der Grenzziehung der Sphären der Öffentlichkeit und Privatheit eingegangen, da die Beeinflussbarkeit eben jener Grenzziehungen durch mediale Entwicklungen die essentielle Grundlage der Annahme, dass sich mit dem Aufkommen von Social Media neue Formen von Öffentlichkeiten entwickelt haben, bildet. Im nächsten Themenblock der Arbeit soll die Verflechtung machthierarchischer Strukturkategorien mit dem öffentlichen Raum näher dargestellt werden. Es wird argumentiert, dass die Unterteilung in privat und öffentlich nicht nur emanzipatorisches Mittel gegenüber unrechtmäßigen Eingriffen der Staatsgewalt ist, sondern es sich auch um ein patriarchales Konstrukt handelt, das Frauen in der Privatsphäre verortet und so dazu beiträgt, dass sie als Gruppe aus gesellschaftspolitischen Entscheidungsprozessen ausgeschlossen werden. Die Analyse dieser Arbeit legt den Fokus auf feministischen Aktivismus auf und mithilfe von Social Media Plattformen. Dazu wird die Free The Nipple Kampagne als DIY Kultur identifiziert und in den Kontext der, durch die Sozialen Medien initiierten, Veränderungen zwischen der privaten und der öffentlichen Sphäre gesetzt. Der zweite Teil der Analyse beschäftigt sich mit den Reaktionen auf die Okkupation des öffentlichen Raumes durch die Social Media Bewegung. Es wird der Frage nachgegangen, ob die Kampagne ihr subversives Potential nutzen kann, oder inwiefern eventuelle Neutralisierungsmechanismen zum Tragen kommen.

Wenn in dieser Arbeit von Männern und Frauen gesprochen wird, dann wird dies getan, da die gesellschaftlichen Strukturen, inklusive der Trennung zwischen privat und öffentlich, auf der historisch kulturellen Vorstellung von Zweigeschlechtlichkeit basieren und den Geschlechtern entsprechende gesellschaftliche Normative zugesprochen wurden. Nicht, weil diese Arbeit zur Festigung einer binären Geschlechtervorstellung beitragen möchte.

Die Arbeit ist aus eurozentristischer Perspektive verfasst worden und beschäftigt sich mit geschlechtshierarchischen Strukturen und Technologie induzierten Veränderungen der westlichen Gesellschaft. Sie erhebt nicht den Anspruch gesamtgesellschaftliche Wirklichkeiten repräsentieren zu können.

2 Zum Begriff der Öffentlichkeit

Der Begriff *Öffentlichkeit* hat in seiner Begriffsgeschichte einige Bedeutungswandel durchgemacht. Doch erst „die zunehmende Politisierung der Gesellschaft [...] führt dann auch zu einer Politisierung des Ausdrucks ‚Öffentlichkeit' und damit [zu] seiner eigentlichen Begriffsbildung."[1] Im Verlauf seiner Entwicklung sind dem Begriff *Öffentlichkeit*, bzw. dem Attribut *öffentlich* dabei vier grundlegende Bedeutungen zugekommen, die auch heute noch aktuell sind. Die ursprüngliche Bedeutung des Wortes bezieht sich auf eine Beschreibung des allgemein Zugänglichen. Im 17. Jahrhundert dann kam außerdem die Bedeutung des Gemeinnützigen auf, das sich durch die Abgrenzung vom individuellen – also dem *privaten* - Interesse, definierte. Öffentlichkeit als Bezeichnung von Staatlichkeit im Gegensatz zum Privaten etablierte sich dann mit der Bildung des modernen Staates im 18. Jahrhundert. Seit dem 19. Jahrhundert trägt der Begriff Öffentlichkeit außerdem auch die Bedeutung von Publizität im Sinne einer Wahrheits- und damit Gerechtigkeitssicherung, sowie medial vermittelter öffentlicher Meinung. Voraussetzung für die Konstruktion *politischer Öffentlichkeit* ist eine Gesellschaft, die kollektive Regeln für ein gemeinsames, reguliertes Miteinander etabliert hat. Wie aus der Begriffsgeschichte deutlich wird, sind „Privatheit und Öffentlichkeit [...] durch ihren Bezug aufeinander bestimmt"[2]. Es handelt sich um ein gesellschaftliches Konstrukt. Die Konstruktion von *öffentlich* und *privat* betrifft dabei mindestens vier Dimensionen. Die *räumlich-topologische* Dimension, die *zeitliche* Dimension, *die sachliche* bzw. thematische Dimension und die *soziale* Dimension.[3] In Abhängigkeit von diesen vier Dimensionen entscheidet sich wer, wann, wo und wie, an Öffentlichkeit teilnehmen darf und welche Sachverhalte Inhalte des öffentlichen Diskurses sein können. Mittlerweile ist Öffentlichkeit eine zentrale Kategorie zum Verständnis von Gesellschaft und ein Grundbegriff politischer Kommunikation.

---

[1] Jürgen Schiewe: Öffentlichkeit. Entstehung Wandel in Deutschland. Paderborn 2004, S.60f.

[2] Ralph Weiß: Vom gewandelten Sinn für das Private. In: ders./Jo Groebel (Hrsg.): Privatheit im öffentlichen Raum. Medienhandeln zwischen Individualisierung und Entgrenzung. [Schriftenreihe Medienforschung der Landesanstalt für Rundfunk Nordrhein-Westfalen. Band 43] Opladen 2002, S.27-88, S.29.

[3] Max Preglau: Öffentlichkeit versus Privatheit: Grenzziehungen und –Verschiebungen in geschlechterkritischer Beleuchtung. In: Erna Appelt/Brigitte Aulenbacher/Angelika Wetterer (Hrsg.): Gesellschaft. Feministische Krisendiagnosen. [Schriftenreihe der Sektion Frauen- und Geschlechterforschung der Deutschen Gesellschaft für Soziologie. Band 37] 1. Aufl. Münster 2013, S.146-166, S.147.

2.1 Räsonierende Bürger – Öffentlichkeit in Jürgen Habermas' Strukturwandel der Öffentlichkeit

Die Vorstellung von BürgerInnen, die durch öffentliche Diskussion an ihrer Regierungsform teilhaben, entstand bereits im alten Griechenland. Dort können die Bürger aus ihrem Privathaushalt heraus in die Sphäre der *Agora* treten, um an den Strukturen der *Polis* mitzuwirken[4]. Jürgen Habermas basiert seine Untersuchungen zum *Strukturwandel der Öffentlichkeit* auf dieser seit dem 18.Jahrhundert wieder aktuell gewordenen Vorstellung vom Verhältnis zwischen Staat und Bürgern[5] einer Demokratie. In seiner Konstruktion von Öffentlichkeit verabschiedet er sich allerdings von der Vorstellung von Öffentlichkeit als einem rein physischen Raum, im Sinne der antiken Agora und prägt stattdessen ein Konzept des öffentlichem Raums im Sinne einer metaphorischen Beschreibung für gesellschaftspolitischen Diskurs - als einen Ort der politischen Auseinandersetzung, der nun unterschiedliche Formen annehmen kann.

In seinem Werk erforscht er die Entwicklung der Strukturen und Funktionen der bürgerlichen Öffentlichkeit in Abgrenzung zum Staatsapparat. Voraussetzung für das Eintreten dieser Entwicklungen ist die Gesellschaft der Aufklärung. Er versteht die Sphäre der Öffentlichkeit als ein spezifisches Merkmal erst der bürgerlichen Gesellschaft. Deren Entstehung ist seinen Überlegungen nach auf eine grundsätzliche Veränderung der ökonomischen Verhältnisse innerhalb der modernen Gesellschaft zurückzuführen. Vor allem durch die damit verbundenen Wandel im Bereich des Waren- und Nachrichtenverkehrs kommt es zu einer allgemein gesellschaftlichen Umstrukturierung.

Der moderne Steuerstaat präsentiert sich vermehrt durch seine institutionalisierten Verwaltungsapparate – der öffentlichen Gewalt- und so ergibt sich ein sich immer mehr verstärkender Gegensatz zwischen Staat und Bürgern[6]. Durch Formen der öffentlichen Gewalt wird das bürgerliche Publikum, also die rezipierende Gruppe von Staatsbürgern, über herrschaftliche Reglementierungen informiert. Erst durch die Verfestigung dieser Gegensätze und in Abgrenzung zur öffentlichen

---

[4] Vgl. Jürgen Habermas: Strukturwandel der Öffentlichkeit. Untersuchungen zu einer Kategorie der bürgerlichen Gesellschaft. Frankfurt/M. 1990, S.56ff.

[5] Die Beschränkung auf die männliche Form ist so aus den theoretischen Überlegungen des Originals übernommen und soll an dieser Stelle der Arbeit auch so weitergeführt werden, da Habermas Theorie, wie im Verlauf der Arbeit deutlich wird, auf einer geschlechterblinden Prämisse basiert.

[6] Vgl. Jürgen Habermas: Strukturwandel der Öffentlichkeit, S.72ff.

Gewalt wird sich das Bürgertum zunehmend seiner eigenen Interessen bewusst und bedarf eines öffentlichen Raumes, um sich frei über diese auszutauschen. Das bürgerliche Interesse betrifft als Folge der kapitalistischen Wirtschaftsorganisation allerdings nicht nur unternehmerische Gebiete, sondern auch Bereiche der Kultur und Politik, wie etwa das öffentliche Interesse an der privaten Sphäre. Durch den Austausch über gesellschaftliche Thematiken wandelt sich das Bürgertum vom rezipierenden Lesepublikum zu einer *räsonierenden Öffentlichkeit*.[7] Die bürgerliche Öffentlichkeit, als Ort des räsonierenden Publikums, etabliert sich dabei in unterschiedlichen Institutionen der öffentlichen Sphäre. Eine der ersten Institutionen dieser öffentlichen Sphäre sind die Tischgesellschaften der Kaffeehäuser und Salons, in denen um die Jahrhundertwende des 18. Jahrhunderts eine zunächst unpolitische, ‚literarische Öffentlichkeit' entsteht.

Die reife Form und eigentliche Funktion der politischen Selbstgesetzgebung mit dem Anspruch der Vernünftigkeit findet die bürgerliche Öffentlichkeit allerdings erst in Gestalt der politischen Öffentlichkeiten - Parteien, Interessenverbände, Parlament; politische Tageszeitungen und Zeitschriften.[8]

In den Zusammenkünften der bürgerlichen Öffentlichkeit werden Privatinteressen und Ungleichheiten zugunsten des Gemeinwohls vorübergehend ausgesetzt, sodass sich Gespräche unter Gleichen führen lassen. Die Voraussetzung der Gleichheit wiederum ermöglicht rationale Diskussionen über Fragen der Staatspolitik und des gesellschaftlichen Handelns[9]. Öffentlichkeit ist also als Sphäre der zum Publikum versammelten Privatleute zu verstehen[10], deren Austausch zur Entstehung einer öffentlichen Meinung führt, die dann wiederum in Zeitungen und Zeitschriften ihren Ausdruck findet[11]. Habermas konstruiert dabei eine Form von Öffentlichkeit, die sich auf politische Debatten konzentriert und entsprechend als politische Öffentlichkeit verstanden werden kann. Das Habermassche Konzept von politischer Öffentlichkeit und deren Verbindung mit dem notwendigen Nutzen der Ratio formt

---

7   Vgl. ebd. S.83; Vgl. Jürgen Schiewe: Öffentlichkeit. Entstehung Wandel in Deutschland, S.254 f.

8   Preglau: Öffentlichkeit versus Privatheit. Grenzziehungen und –Verschiebungen in geschlechterkritischer Beleuchtung, S. 149.

9   Vgl. Richard Butsch: Introduction: How are the Media Public Spheres? In: ders. (Hrsg.): Media and Public Spheres. Hamshire/New York, N.Y. 2007, S.1-14, S.4.

10   Vgl. Jürgen Habermas: Strukturwandel der Öffentlichkeit. S.86.

11   Vgl. Preglau: Öffentlichkeit versus Privatheit. Grenzziehungen und –Verschiebungen in geschlechterkritischer Beleuchtung, S.149.

damit auch das Verständnis dessen, was politisch ist und als politisch relevant angesehen wird. Habermas kreiert Öffentlichkeit als einen Ort, der durch herrschaftsfreien Austausch rationaler Argumente zu einer konsensorientierten politischen Deliberation der Bürger verhilft. Basis des vernünftigen rationalen Austauschs ist der aufgeklärte Bürger.

Öffentlichkeit, auch in Form medialer Öffentlichkeit, wird damit für Politik bzw. politische Prozesse zentral. Öffentlichkeit wird zur Vermittlung von Information, zur Deliberation über politische Themen und zur Transparenz von Entscheidungsvorgängen benötigt[12].

Kritische Auseinandersetzungen mit Habermas Überlegungen zur bürgerlichen Öffentlichkeit – Nancy Frasers Alternativmodell

In der Auseinandersetzung mit Habermas Überlegungen zur Struktur der Öffentlichkeit wird deutlich, dass es sich bei den Sphären des Privaten und des Öffentlichen um ein Konstrukt handelt. Dieses Konstrukt ist in seiner Unterscheidung zwischen den bipolaren Sphären von ökonomischen und gesellschaftlichen Entwicklungen abhängig. Besonders den Medien kommt dabei eine zentrale Rolle in der Struktur der öffentlichen Sphäre zu[13]. Trotz seiner, für die Beschäftigung mit der Rolle von Öffentlichkeit im modernen Staat, wesentlichen Überlegungen, wurde die doch relativ eindimensionale Öffentlichkeitsstruktur seiner Theorie oft und vielschichtig kritisiert.

Die verschiedenen Kritikpunkte an den Charakteristiken der Öffentlichkeit nach Habermas richten sich vor allem an die Voraussetzungen seiner Überlegungen. Kri-

---

[12] Vgl. Ricarda Drüeke: Öffentlichkeiten im Umbruch – theoretische Überlegungen zu Online-Öffentlichkeiten und Geschlechterverhältnissen In: Birgit Riegraf/Hanna Hacker/Heike Kahlert/Brigitte Liebig/Martina Peitz Rosa Reitsamer (Hrsg.): Geschlechterverhältnisse und neue Öffentlichkeiten: Feministische Perspektiven. [Forum für Frauen- und Geschlechterforschung. Schriftenreihe der Sektion Frauen- und Geschlechterforschung in der Deutschen Gesellschaft für Soziologie. Band 36.] 1. Aufl. Münster 2013, S.92-111, S.96.

[13] Natürlich sind Medien an sich auch gesellschaftlich kreierte Institutionen, die ihrerseits nicht nur Einfluss nehmen, sondern auch beeinflusst werden können. Dies zeigt sich besonders deutlich in Habermas Kritik an der kapitalistischen Entwicklung im Hinblick auf Massenmedien. Die Wechselwirkung zwischen Gesellschaft und ihren Hervorbringungen findet sich in so gut wie jedem Aspekt der verschiedenen Bereiche wieder. Eine genaue Untersuchung aller Verflechtungen ist sicherlich erstrebenswert, würde das Ausmaß dieser Arbeit allerdings bei weitem übertreffen. Deswegen soll zunächst nur der direkte Zusammenhang zwischen Medienentwicklung und Öffentlichkeitsstrukturen betrachtet werden.

tik an Habermas Theorie betrifft zum einen seine historische Verankerung von Öffentlichkeit in der Zeit vor den Massenmedien des 20.Jahrhunderts und das Idealisieren dieses Zustandes. Zum anderen betrifft die Kritik aber auch vor allem die Grundannahme einer bürgerlich liberalen Öffentlichkeit, die eine Sphäre der allgemeinen, vernünftigen und herrschaftsfreien Verhandlungen bilden soll, da diese Öffentlichkeit einerseits ihre eigene Exklusivität übersieht und andererseits Räsonnement als Medium für politische Entscheidungsfindung überschätzt[14].

Eine der wichtigsten Kritikerinnen von Habermas Öffentlichkeitsmodell ist die amerikanische Philosophin Nancy Fraser[15], die in ihrer Auseinandersetzung mit seinem Werk feststellt, dass in seiner Vorstellung von einer allgemeinen Öffentlichkeit über Status-Differenzen hinweggesehen wird, wodurch diese nicht aufgelöst, sondern reproduziert werden[16]. Die Vorstellung, dass Statusunterschiede schlicht ausgeklammert werden können, um eine Auseinandersetzung unter vermeintlich Gleichen zu ermöglichen, ist eine von vier Annahmen, die Nancy Fraser als zu kritisierende Prämissen von Habermas Modell identifiziert[17]. Damit bezieht sie sich auf Bordieu[18], der feststellt, dass Ungleichheiten durch kulturelle Hierarchien des Alltagslebens weiter bestehen, auch wenn sie zu überkommen versucht werden. Die Methoden der bürgerlichen Öffentlichkeit, wie etwa rationales Debattieren, sind soziale Praktiken, die dem Bürgertum vorbehalten sind. Soziale Gruppen, die mit diesen Praktiken nicht vertraut sind, werden so von vorneherein von der Teil-

---

[14] Vgl. Birgit Riegraf/Hanna Hacker /Heike Kahlert/Brigitte Liebig/Martina Peitz/Rosa Reitsamer: Zur Einleitung: Geschechterverhältnisse und neue Öffentlichkeiten. Feministische Perspektiven. In: dies. (Hrsg.): Geschlechterverhältnisse und neue Öffentlichkeiten. Feministische Perspektiven. [Forum für Frauen- und Geschlechterforschung. Schriftenreihe der Sektion Frauen- und Geschlechterforschung in der Deutschen Gesellschaft für Soziologie. Band 36.] 1. Aufl. Münster 2013, S.7-17, S.7f.

[15] Vgl. Nancy Fraser: Rethinking the Public Sphere: A Contribution to the Critique of Actually Existing Democracy, In: Craig Calhoun (Hrsg): Habermas and the Public Sphere. Cambridge/Massachusetts 1992, S.109-142, S.117f.

[16] Vgl. Preglau: Öffentlichkeit versus Privatheit. Grenzziehungen und –Verschiebungen in geschlechterkritischer Beleuchtung, S.149.

[17] Vgl. Nancy Fraser: Rethinking the Public Sphere: A Contribution to the Critique Of Actually Existing Democracy, S.117f.

[18] Pierre Bourdieu: Distinction: A Social Critique of The Judgment of Taste. Cambridge/Massachusetts 1984.

nahme an der bürgerlichen Öffentlichkeit ausgeschlossen. Die von Habermas vorausgestellte Annahme von Gleichheit in der bürgerlichen Öffentlichkeit verschleiert also lediglich soziale Ungerechtigkeiten und reproduziert sie erneut.

Basierend auf der Zugangsproblematik zur bürgerlichen Öffentlichkeit stellt sich die Frage nach der Richtigkeit der Annahme, dass eine einzelne Öffentlichkeit mehreren Öffentlichkeiten zu bevorzugen ist, was Nancy Fraser als Habermas zweite Prämisse versteht. Nach Fraser wären aufgrund der Unzulänglichkeit der Methode des Ausklammerns von Ungleichheiten eine Vielzahl von parallel existierenden Öffentlichkeiten nicht nur eine akkuratere Beschreibung des Ist-Zustands, sondern durchaus erstrebenswert[19]. Dazu erarbeitet sie ein Konzept alternativer Öffentlichkeiten und *untergeordneter bzw. subalterner Gegenöffentlichkeiten*[20]. Diese Sphären der Öffentlichkeit werden von ihr implizit als identitätsbasierte, homogene Gruppen gedacht, die in einem konkurrierenden Verhältnis zueinander stehen. Im Idealfall wären alle diese parallel existierenden Öffentlichkeiten gleichwertig und würden als individuelle Sphäre dienen, in der die gruppeninternen Interessen herausgearbeitet und für die Präsentation in einer allumfassenden Öffentlichkeit vorbereitet werden. De facto unterscheiden sich die Öffentlichkeiten allerdings qualitativ und quantitativ und sind damit auch in politische Praktiken unterschiedlich eingebunden. Die unterschiedlichen Öffentlichkeiten stehen also in einem kompetitiven Verhältnis zueinander, in dem Macht (*power*) der entscheidende Faktor für die Hör- und Sichtbarkeit der Interessen dieser Gruppen darstellt. Öffentlichkeiten können demnach in schwach (*weak)* und stark (*strong)* unterteilt werden. Da Emotionen sowohl bei der Identitätsfrage, als auch im Wettkampfverhältnis dieser identitätsbasierten Öffentlichkeiten zueinander eine große Rolle spielen, ist nicht davon auszugehen, dass Öffentlichkeiten Bereiche der Rationalität sind oder sein können. Damit können auch private Interessen nicht aus dem Bereich der Öffentlichkeit ausgeschlossen werden, womit Fraser Habermas' dritte Grundannahme wiederlegt[21]. Weiter geht sie davon aus, dass es in einer Gesellschaft, die sich durch unterschiedliche Schichten und Gruppierungen auszeichnet, nur ein sehr begrenztes gemeinsames Interesse geben kann, da die Interessen der Gruppen sich häufig

---

[19] Vgl. Nancy Fraser: Rethinking the Public Sphere: A Contribution to the Critique of Actually Existing Democracy, S.122.

[20] Vgl. ebd. S.123/S.125.

[21] Vgl. Nancy Fraser: Rethinking the Public Sphere: A Contribution to the Critique of Actually Existing Democracy, S.129ff.

gegenseitig widersprechen. Die Suche nach dem Allgemeininteresse in einer allgemeinen Öffentlichkeit ist damit zwecklos[22]. In einer sich als liberal demokratisch verstehenden Gesellschaft ist allerdings der Gerechtigkeit willen das Sichtbarwerden all dieser Interessen notwendig. Dafür bedarf es entsprechender Plattformen und der Solidarität anderer stärkerer Öffentlichkeiten. Entsprechend spielen Emotionen also nicht nur bei der Herausbildung der verschiedenen Öffentlichkeiten und ihrer Interessen eine zentrale Rolle, sondern auch bei der gerechten Vertretung dieser durch andere Öffentlichkeiten. Damit kommt den Emotionen in Zusammenhang mit Öffentlichkeit eine zentrale Position zu. Emotionen würden so aus dem Bereich der Privatheit ‚befreit‘ und im Bereich des Öffentlichen nicht nur zugelassen, sondern wären entscheidender Faktor bei ihrer Konstituierung. Die Dichotomie von Emotion und Rationalität mit ihrer Zuordnung zu den respektiven Sphären würde aufgehoben und nicht mehr für die Unterscheidung der beiden Bereiche dienen[23].

Im Bezug auf die Relevanz von Medien im Diskurs um Öffentlichkeit weist Fraser zunächst Habermas vierte Grundannahme, nämlich die unbedingte Trennung von Staat und medialer Öffentlichkeit, zurück und argumentiert, dass staatliche Regulierung bis zu einem gewissen Grad notwendig ist, um zu verhindern, dass sich einzelne Interessen aufgrund der gesellschaftlichen Machtverhältnisse konsequent gegenüber anderen Interessen durchsetzen und so demokratische Prinzipien gefährden. Die Notwendigkeit dieser Unterteilung in Habermas Modell entstammt aus seiner Verortung im 18.Jahrhundert, als die Macht privater Wirtschaftsinteressen verhältnismäßig klein war und der gesamte Bereich der Öffentlichkeit ausschließlich vor der Kontrolle des Staates geschützt werden musste. Heute können allerdings sowohl der Staat als auch Kooperationen eine demokratische liberale Öffentlichkeit bedrohen. Erstere indem sie die Interessen des Staates über das der BürgerInnen stellen, letztere, indem sie ausschließlich Firmeninteressen vertreten. Für eine funktionierende Öffentlichkeit würde also sowohl das Separieren des Staates vom Bereich der Massenmedien, als auch das Regulieren privater Medien notwendig.

---

[22] Vgl. ebd.
[23] Vgl. Richard Butsch: Introduction: How are the Media Public Spheres?, S.6.

Das von Habermas konstruierte Ideal bürgerlicher Öffentlichkeit ist und war nie mit dessen Realität identisch. Bereits sein Konzept von Staatsbürgerschaft unterliegt von vornherein Ausschlüssen, die eine Unterrepräsentation der ausgeschlossenen Gruppen begünstigen, und damit zu einem ungleichen Machtverhältnis innerhalb des Staates führen. Habermas übersieht die Tatsache, dass es sich bei den Bürgerinnen und Bürgern nicht um eine homogene Gruppe handelt, sondern um verschiedenen identitätsbasierte Gruppierungen. Nach Fraser konstituiert sich der öffentliche Raum demnach aus pluralistischen Öffentlichkeiten. In Anlehnung an Frasers Kritik kann außerdem davon ausgegangen werden, dass Habermas die Rolle von Medien in einer Demokratie zu eindimensional betrachtet. Vor allem die Nutzung, und gerechte Interessenverteilung innerhalb der jeweiligen Medien, bedingt ihre demokratische Relevanz.

2.2 Medien und Öffentlichkeitsstrukturen

Wer heute über Öffentlichkeit spricht, meint damit mehr und mehr die mediale, oder genauer gesagt, die massenmediale Öffentlichkeit. Diese spielt eine wichtige Rolle innerhalb der politischen Prozesse einer Demokratie. Bildend für Öffentlichkeit sind auch in Anlehnung an Habermas, kommunikative Prozesse, die aus medial vermittelter und direkter Kommunikation bestehen. Traditionelle liberale Politiktheorien, wie die von Habermas argumentieren, dass die Medien innerhalb einer Demokratie drei Funktionen halten. Zuallererst dienen sie als unabhängige ‚Watchdogs‘ bzw. Aufpasser, die über den Staat wachen und die Rechtschaffenheit der demokratischen Abläufe kontrollieren. Zweitens agieren sie als Informationsvermittler und drittens als Stimme des Volkes, um Bürgerinnen und Bürgern so die Teilnahme an ihrer Demokratie zu ermöglichen. Medien werden hier als Verbündete der BürgerInnen verstanden, die die demokratische Regierung durch öffentliche Meinung überwachen. Solche Theorien sind allerdings in der Realität des 18. Jahrhunderts verankert[24].

Durch die Etablierung von Massenmedien verändert sich die Konstruktion von Öffentlichkeit(en): Es können mehr Menschen schneller und flächendeckender erreicht werden, während sich außerdem die Grenzen zwischen der öffentlichen und

---

[24] Vgl. Richard Butsch: Introduction: How are the Media Public Spheres, S.7.

der privaten Sphäre verschieben. Damit kommt es zu einer Vermischung der traditionell getrennten Bereiche[25]. Miriam Hansen stellt diese Entwicklung am Beispiel des frühen Stummfilms dar. In ihrem Aufsatz *Early Silent Cinema: Whose Public Sphere?* geht sie basierend auf Negts und Kluges Modell einer dezentrierten, pluralistischen Öffentlichkeit[26] der Frage nach Öffentlichkeit im frühen Stummfilm nach. Sie bezieht sich auf Judith Mayne, wenn sie davon ausgeht, dass das Kino die Beziehung zwischen dem Privaten und dem Öffentlichen grundlegend verändert hat, indem privater Verbrauch in einer gigantischen öffentlichen Dimension organsiert wurde[27]. Indem das menschliche Leben zu kommerziellem Material für die Leinwand gemacht wird, entwickelt sich eine neue Art von Öffentlichkeit[28]. Durch die Verbreitung des Kinos vermischen sich die Sphären von privat und öffentlich zum einen räumlich, zum anderen verändert sich dabei der Fokus der für die Öffentlichkeit relevanten Themen und Privates rückt in den Vordergrund. Gleichzeitig sucht die Öffentlichkeit in Form von kapitalistischen Produktionsinteressen dabei immer auch Zugang zum Bereich des Privaten.

Lange Zeit wurde das Öffentliche noch mit dem Politischen gleichgesetzt, durch die radikalen Verschiebungen der Öffentlichkeit durch mediale Neuerungen ist dies allerdings nicht mehr so einfach möglich und es entwickeln sich vermehrt medienkritische Positionen. Auch Habermas steht den modernen Massenmedien kritisch entgegen und sieht in ihnen den Verfall der bürgerlichen Öffentlichkeit[29]. Vor allem die Cultural Studies, sowie die feministische Wissenschaft haben allerdings schon früh darauf aufmerksam gemacht, dass auch Unterhaltungsformate und Populäres zum Bereich des Politischen zählen. Es wurde außerdem betont, dass das Private

---

25 Vgl. Dirk Hermanns/Andrea Koenen/Betram Konert/René Michalski: Werkstattbericht: Interdisziplinärer Diskurs über den Wandel der Privatheit und die Rolle der Medien. In: Ralph Weiß/Jo Groebel (Hrsg.): Privatheit im öffentlichen Raum. Medienhandeln zwischen Individualisierung und Entgrenzung. [Schriftenreihe Medienforschung der Landesanstalt für Rundfunk Nordrhein-Westfalen. Band 43] Opladen 2002, S.549-612, S.565f.

26 Vgl. Oskar Negt/Alexander Kluge: Öffentlichkeit und Erfahrung: Zur Organisationsanalyse von bürgerlicher und proletarischer Öffentlichkeit. Frankfurt/M. 1972.

27 Vgl. Miriam Hansen: Early Silent Cinema: Whose public sphere? In: New German Critique.The Origins of Mass Culture: The Case of Imperial Germany (1871-1918) (1983), H.29, S.147-184. Eingesehen als Onlinequelle: URL: http://www.jstor.org/stable/487793, (21.08.2016), S.154.

28 Vgl eb.d S.155

29 Vgl. Richard Butsch: Introduction: How are the Media Public Spheres, S.4.

nicht grundsätzlich als nicht politisch bzw. nicht politikfähig verstanden werden kann[30].

Massenmedien wie das Fernsehen verschieben die Grenzen zwischen Privatem und Öffentlichem, indem sie die in der Öffentlichkeit verhandelten Themen auch in die Privathaushalte hineintragen. Im Fernsehen veröffentlichte Inhalte können damit als einem breiten Publikum bekannt vorausgesetzt werden und deswegen anschließend in soziale Kommunikationsprozesse einfließen[31]. Innerhalb der verschiedenen Medienformate werden außerdem Identitäten verhandelt, wodurch unter anderem die Entwicklung von identitätsbasierten Gegenöffentlichkeiten gefördert wird[32]. Durch die Inklusion neuer Gruppen von BürgerInnen werden durch das Unterhaltungsformat außerdem Bürgerrechte erprobt, „auch wenn die Ausübung auf eine Weise erfolgt, die Zoonen [...] mit ‚entertain the citizen' beschreibt"[33]. Die Identifikation mit den Geschehnissen und Charakteren innerhalb der Medien ermöglicht eine, wenn auch nur temporäre, Inklusion marginalisierter BürgerInnen, die aus dem Konzept der bürgerlichen Öffentlichkeit ausgeschlossen sind. Medien erweitern damit nicht nur den Bereich des Öffentlichen und öffentlich Verhandelbaren, sondern auch das Verständnis dessen, was als Politisch gilt und damit demokratierelevant ist. Durch und innerhalb von Medien bilden sich Öffentlichkeiten, die durchaus politisch relevant sein können. Anknüpfend an die kritische Auseinandersetzung mit Habermas Öffentlichkeitskonzept in Teil 3 dieser Arbeit muss deswegen betont werden, dass konzeptionell auch innerhalb des medialen öffentlichen Raums von mehr als einer Öffentlichkeit ausgegangen werden muss.

Dennoch operieren vor allem bei massenmedialen Öffentlichkeiten starke Ausschlussmechanismen, die bestimmten Personengruppen den Zugang zu diesen Öffentlichkeiten verschließen oder gruppenspezifische Thematiken aus Öffentlichkeiten ausschließen. Vor allem das Fernsehen und andere Elemente der traditionellen Massenkommunikation gehorchen ökonomischen Motiven der Profitmaximierung, die Information als Ware betrachten, die als „Element der Kulturindustrie

---

30 Vgl. Ricarda: Drüeke: Öffentlichkeiten im Umbruch, S.96ff.

31 Vgl. Dirk Hermanns/Andrea Koenen/Betram Konert/René Michalski: Werkstattbericht: Interdisziplinärer Diskurs über den Wandel der Privatheit und die Rolle der Medien, S.570.

32 Vgl. Miriam Hansen: Early Silent Cinema: Whose public sphere? S.150/S.164.

33 Drüeke, Ricarda: Öffentlichkeiten im Umbruch, mit Verweis auf Zoonen 2005, S.97.

produziert, gehandelt und verkauft wird"[34]. So werden die thematischen Felder enorm eingeschränkt und mediale Inhalte neigen dazu die dominante, normative Realitätsvorstellung zu reproduzieren. Zusätzlich erschwerend hinzukommt, dass der Prozess der Informationsverteilung ein einbahniger ist, wodurch die Reaktionsmöglichkeiten der Rezipienten enorm eingeschränkt sind, und sich thematische Änderungen als Folge von Kritik so nur schwer ergeben. Medieninhalte werden also von einer Kulturindustrie produziert, deren Interesse die Vertretung ihrer eigenen politischen und ökonomischen Interessen ist. Diese Ingroup agiert dabei nicht nur als Gatekeeper für die Thematisierung bestimmter gesellschaftlicher Aspekte in Massenmedien, sondern auch als Hüter der Exklusivität ihrer Ingroup, die den Zugang für Vertreter anderer Interessen erschwert, wenn nicht sogar gänzlich blockiert[35].

Nach Donna Haraway lässt sich argumentieren, dass Technologien nicht nur passive Objekte sind, sondern aufgrund ihrer Materialität zu aktiven Teilhabern an gesellschaftlichen Prozessen werden[36]. Durch die medial ausgelösten Verschiebungen der Sphäre des Privaten und Öffentlichen ergibt sich subversives Potential, das sich auf Macht- und Herrschaftsverhältnisse auswirken kann. Allerdings sind vor allem die Massenmedien aufgrund ihrer Strukturmechanismen durch Exklusivität gekennzeichnet, sodass sie als Stärkungsvehikel der dominanten Gesellschaftsstrukturen dienen, und Gefüge der dominanten Lebensrealitäten reproduziert werden, anstatt emanzipatorische Veränderungen zu gestalten[37].

Folgt man nun der Annahme, dass Medien heute einen großen Teil der Öffentlichkeit bereitstellen, und dass mittlerweile vor allem Medienpräsenz Öffentlichkeit schafft[38], muss man davon ausgehen, dass Interessengruppen, die keine Repräsentation in den Massenmedien finden, mit ihren Interessen nicht hörbar sind und dadurch gesellschaftlichen Herrschaftsstrukturen zum Opfer fallen.

---

34 Alfred von Liechtenstein: Öffentlichkeit-Transformation eines politischen Konzepts durch Technik? In: ders. (Hrsg.): Internet und Öffentlichkeit [Wiener Vorlesungen. Konservatorien und Studien. Band 13], Wien 2002, S.11-34, S.13.

35 Vgl. Alfred von Liechtenstein: Öffentlichkeit-Transformation eines politischen Konzepts durch Technik?, S.21ff. ; Vgl. Richard Butsch: Introduction: How are the Media Public Spheres?, S.8f.

36 Donna Haraway: Die Neuerfindung der Natur. Primaten, Cyborgs und Frauen. Frankfurt/M./New York 1995, S.91.

37 Vgl. Miriam Hansen: Early Silent Cinema: Whose public sphere? S.159f.

38 Vgl. Franziska Macur: Weibliche Diskurskulturen. Privat. Beruflich. Medial. [Bonner Beiträge zur Medienwissenschaft. Band 9.] Frankfurt/M. 2009, S.61.

3 3. Öffentlichkeit und das Problem der Macht

Im letzten Abschnitt ist erarbeitet worden, dass von Öffentlichkeiten im Plural ge-sprochen werden muss und, dass die Bereiche der Öffentlichkeit, unter anderem durch mediale Entwicklungen, stets in Bewegung sind. Da Öffentlichkeit nur in der Dichotomie mit Privatheit existiert, ist somit auch der Bereich des als privat Ge-kennzeichneten veränderlich. Riegraf et al. Schreiben dazu in ihrer Einleitung zu *Geschlechterverhältnis und neue Öffentlichkeit*, dass Öffentlichkeiten keine herr-schafts- und geschlechterfreien Räume sind, dass umkämpft ist, wer in der Öffent-lichkeit vertreten ist, und dass stets umstritten bleibt, was als allgemein verbind-lich, politisch oder als privat zu gelten hat.[39]

Hier wird noch einmal hervorgehoben, was Nancy Fraser in der kritischen Ausei-nandersetzung mit Habermas Überlegungen zu Öffentlichkeit bereits hervorgeho-ben hat. Öffentlichkeiten sind Bereiche, die eng mit der politischen Ordnung ver-flochten sind und die dementsprechend komplexen Machtstrukturen unterliegen, die einzelne Bevölkerungsgruppen auf Basis der regulierenden Strukturkategorien Ethnie, Klasse und Geschlecht marginalisieren. Sie werden aus bestimmten Öffent-lichkeiten ausgeschlossen bzw. unsichtbar gemacht. Vor allem in den letzten Jahren und unter Einbezug des von Kimberlé Crenshaw geprägten Konzepts der *Intersek-tionalität*[40] werden diese Strukturkategorien als sich gegenseitig beeinflussend verstanden. Die Zugehörigkeit zu mehr als einer Strukturkategorie kann den Effekt der Marginalisierung verstärken. Eine detaillierte Analyse dieser doch sehr kom-plexen Machtstrukturen würde allerdings den Rahmen dieser Arbeit sprengen, so-dass hier die Strukturkategorie Geschlecht einzeln betrachtet wird, wohlwissend, dass sie nur theoretisch von den anderen Faktoren zu trennen ist.

Die Kategorie Geschlecht ist ein besonders einflussreicher Faktor bei der Struktu-rierung öffentlicher Bereiche und führt mit der naturalisierten Verortung der Frau in der Sphäre des Privaten zu einem ungleichen Geschlechterverhältnis.

---

[39] Birgit Riegraf/Hanna Hacker /Heike Kahlert/Brigitte Liebig/Martina Peitz/Rosa Reitsamer: Zur Einleitung: Geschechterverhältnisse und neue Öffentlichkeiten. Feministische Perspek-tiven, S.8.

[40] Vgl. Kimberlé Crenshaw: Mapping the Margins: Intersectionality, Identity Politics, and Vio-lence against Women of Color. In: Stanford Law Review (1991), H.43, S.1241-1299. Eingese-hen als Onlinequelle: URL: http://www.jstor.org/stable/1229039 (20.08.2016).

3.1 Gender als herrschaftsstrukturierende Kategorie

Die Trennung von öffentlicher und privater Sphäre als Emanzipation gegenüber absolutistischen Ansprüchen der Feudalaristokratie ist notwendige Grundlage einer demokratischen Entwicklung nach Habermas. Dies hebt auch die feministische Forschung hervor, kritisiert dabei allerdings die Geschlechterblindheit seiner Theorie. Die Aufteilung der Lebenswirklichkeit in zwei gegensätzliche Sphären ist nämlich gleichzeitig auch Basis für die Exklusion und Subordination von Frauen in der patriarchalen Gesellschaft.

Die Unterscheidung von *privat* und *öffentlich* ist eng mit der symbolischen Konstruktion der Zweigeschlechtlichkeit verknüpft. Basierend auf der Theorie vom *Geschlechtscharakter*, der die Natur bzw. das Wesen von Frau und Mann erfassen soll, wird die Frau an Haus und Privates gebunden, dem Mann dagegen außerhäusliche Aktivitäten und öffentliches Agieren zugesprochen. Spätestens seit der Zeit der Aufklärung wird die Annahme, dass die Frau von Natur aus für den häuslichen Bereich prädestiniert ist, außerdem als Aussage mit wissenschaftlichem Anspruch verstanden. „Der Geschlechtscharakter wird als eine Kombination von Biologie und Bestimmung aus der Natur abgeleitet und zugleich als Wesensmerkmal in das Innere der Menschen verlegt"[41]. So werden Frauen aus der Öffentlichkeit ausgeschlossen und dieser Ausschluss - aus Bereichen etwa der Politik, Wirtschaft, Medien, Universität oder Justiz- mit dem vermeintlich für diese Bereiche ungeeigneten weiblichen Charakter gerechtfertigt. Gleichzeitig wird die Gegensätzlichkeit des Geschlechtscharakters sozial legitimiert, indem sie als eine harmonische Einheit von sich ergänzenden Gegensätzen gedacht wird. So wird es möglich den Geschlechterdualismus „nicht nur als natürlich und daher notwendig, sondern auch ‚für ideal zu erachten und zu harmonisieren'"[42] und damit zu verstärken.

Allerdings gibt es laut Elisabeth Klaus, die Öffentlichkeit nicht als Gegensatz zum Bereich des Privaten versteht, sondern als einen Diskussions- und Verständigungsprozess, der Wirklichkeitskonstruktionen verhandelt und legitimiert[43], auch in der

---

41 Elisabeth Klaus: Öffentlichkeit und Privatheit. Frauenöffentlichkeiten und feminstische Öffentlichkeiten. In: Ruth Becker/Beate Kortendiek (Hrsg.): Handbuch Frauen- und Geschlechterforschung Theorie, Methoden, Empirie. Wiesbaden 2004, S.209-216, S.167.

42 Preglau, Max: Öffentlichkeit versus Privatheit, 2013, S.153.

43 Vgl. Elisabeth Klaus: Kommunikationswissenschaftliche Geschlechterforschung. Zur Bedeutung der Frauen in den Massenmedien und im Journalismus. Opladen/Wiesbaden 1998, S.99ff.

patriarchalen Konstruktion der Beschränkung von Frauen auf die Privatsphäre sogenannte *Frauenöffentlichkeiten*. Diese umfassen als eine Teilöffentlichkeit, die sich auf Basis gemeinsamer Erfahrungen konstituiert, all jene Kommunikationsforen und –formen, in denen sich Frauen untereinander und ohne Anwesenheit von Männern am gesellschaftlichen Kommunikationsprozess beteiligen und in denen ihre Erfahrungen eigenständige Relevanz haben.[44]

Aufgrund der ungleichen Verteilung des Relationsfaktors Macht auf die unterschiedlichen koexistierenden Öffentlichkeiten, haben diese *Frauenöffentlichkeiten* allerdings keine große Sichtbarkeit. Dies liegt unter anderem darin begründet, dass ein autonomes Zusammentreffen von Frauen nur in bestimmten sozialen Situationen legitim ist, allerdings die Voraussetzung für die Entstehung von Frauenöffentlichkeiten als Ort für Frauenkommunikationsprozesse bildet[45]. So ergibt es sich, dass Frauenöffentlichkeiten eher eine systemerhaltende Funktion der sozialen Integration von Frauen erhalten, und die Reproduktion der herrschenden Geschlechternormen bestärken[46]. Effektiv scheinen Frauenöffentlichkeiten erst dann in der tatsächlichen Durchsetzung von Fraueninteressen zu werden, wenn sie sich gezielt um eine politische Agenda organisieren. In diesem Fall spricht man dann allerdings von *feministischen Öffentlichkeiten*. „Feministische Öffentlichkeit [...] [beschreibt] ein politisches Prinzip, das zur Überwindung der Selbst-Losigkeit der Frau beiträgt und den Prozeß [sic!] der Selbstfindung von Frauen unterstützt"[47]. *Frauenöffentlichkeiten* waren zwar notwendige Voraussetzung für das Entstehen feministischer Öffentlichkeiten, doch erst die Frauenbewegungen erkämpfen sich autonom-emanzipatorische Öffentlichkeiten und generieren ausreichenden öffentlichen Druck, um sich außerdem Zugang zu traditionell männlich besetzten Öffentlichkeiten zu erarbeiten. Für die Frauenbewegung des späten 19. Jahrhunderts ging es dabei vor allem um das Wahlrecht und die rechtliche Möglichkeit des Zugangs zu höherer Bildung, sowie dem Arbeitsmarkt. Die zweite und dritte Frauenbewegung setzt den

---

[44] Elisabeth Klaus: Kommunikationswissenschaftliche Geschlechterforschung. Zur Bedeutung der Frauen in den Massenmedien und im Journalismus. S.100.

[45] Vgl. Ebd. S.101.

[46] Vgl. Elisabeth Klaus: Öffentlichkeit und Privatheit. Frauenöffentlichkeiten und feminstische Öffentlichkeiten, S.210f.

[47] Anonymous: Feminstische Öffentlichkeit. Eine theoretische Annäherung. In: Gruppe Feministische Öffentlichkeit (Hrsg.): Femina Publica: Frauen, Öffentlichkeit, Feminismus. Köln 1992, S.14-22, S.16.

Kampf der Feministinnen des 19. Jahrhunderts fort, erweitert ihn um Fragen faktisch-sozialer Gleichstellung und bemüht sich außerdem um die Dekonstruktion der gesellschaftlich-kulturell akzeptierten Vorstellung des *natürlichen Geschlechtscharakters*[48]. Feministische Öffentlichkeiten setzten damit neue Themen auf die Tagesordnung der politischen Debatte und öffnen den Bereich der Öffentlichkeit für Frauen. Das berühmte Motto der zweiten Frauenbewegung ‚das Private ist Politisch' wird dabei zum Programm und es kommt zu einer Verschiebung der *sachlichen, räumlichen* und *zeitlichen* Grenzen der Bereiche *öffentlich* und *privat*.

Den Bewegungen für die Frauen- und Geschlechterliberation geht es allerdings nicht nur um öffentliche Autonomie und politische Beteiligung, sondern auch um das *Recht auf Private Autonomie*. Dieses bezieht sich auf die „freie Wahl der Lebens- und Beziehungsformen, auch wenn diese einem traditionellen heteronormativen Familienverständnis widersprechen"[49]. Das Recht auf Öffentlichkeit ist mit dem Recht auf Privatheit insofern verbunden, als dass erst innerhalb des öffentlichen Diskurses eigentlich festgelegt wird, wer und was unter den Schutzbereich der Privatrechte fällt.

3.2 Die männliche Aufladung öffentlicher Räume

Da der männliche Charakter historisch mit der Fähigkeit der Vernunft gleichgesetzt wird, und der Bereich der öffentlichen Tätigkeit als ein von Emotionen frei zu haltender Raum gilt, erscheinen Männer vermeintlich natürlich zur Umsetzung gesellschaftlich wichtiger Tätigkeiten innerhalb der Sphäre der Öffentlichkeit prädestiniert. Männern wird damit immanent die Fähigkeit zugesprochen, sich für die Interessen der Gesamtgesellschaft, und somit beider Geschlechter, einsetzen zu können und Entscheidungen für das Allgemeinwohl zu treffen. Frauen dagegen, wird die Fähigkeit der Rationalität abgesprochen. Treten sie als Konsequenz der Errungenschaften der Frauenbewegungen nun doch in die Bereiche der Öffentlichkeit,

---

[48] Vgl. Max Preglau: Öffentlichkeit versus Privatheit: Grenzziehungen und –Verschiebungen in geschlechterkritischer Beleuchtung, S.154.

[49] Max Preglau: Öffentlichkeit versus Privatheit: Grenzziehungen und –Verschiebungen in geschlechterkritischer Beleuchtung, S.156.

kommt es trotz formal-rechtlicher Gleichstellung beider Geschlechter, zu Irritationen, wie Margrit Brückner in ihren Überlegungen zur Verbindung von Geschlecht und Öffentlichkeit festhält[50].

Die ungleiche Machtverteilung im allgemeinen Geschlechterverhältnis setzt sich auch in öffentlichen Räumen fort. Die Art, Chancen und Grenzen der Begegnung zwischen Männern und Frauen, werden auch dort durch die Machtverhältnisse bestimmt. Männer kontrollieren den öffentlichen Raum also nicht nur, indem sie den Zugang für Frauen noch weitestgehend regulieren, sondern auch durch die inhärent männliche Domination öffentlicher Räume. Wenn Frauen öffentliche Räume betreten, machen sie schon aufgrund ihres Geschlechts die Erfahrung von *Deplatziertheit*, um es mit Bourdieus Begrifflichkeiten zu beschreiben. Sie erfüllen die stillschweigenden Bedingungen der Teilnahmevoraussetzungen, der von ihnen okkupierten, und dennoch männlich besetzten Öffentlichkeiten nicht[51]. Wenn Frauen sich neue Räume aneignen, müssen sie also nicht nur die Herausforderung des Neuen und Unbekannten bewältigen, sondern sich auch damit auseinandersetzen, dass diese Räume von ihnen mit dem falschen Geschlecht betreten werden. Innerhalb dieser öffentlichen Sphären bleiben Frauen als Bewältigungsmechanismen fast immer nur zwei Möglichkeiten:

Wenn Frauen in Wissenschaft, Politik oder Wirtschaft sichtbar werden, werden sie nicht nur an ihrer Leistung, sondern auch am kulturell vorgegebenen Frauenbild gemessen. Da sich das stereotype Bild der gefühlsbetonten Frau nur wenig für die Vertretung inhaltlicher Positionen und öffentlicher Belange eignet, müssen Frauen nicht nur ihre Professionalität unter Beweis stellen, sondern dabei auch ihre Geschlechtszugehörigkeit bewältigen[52]. Diese Unsicherheit kann durch Anpassung,

---

[50] Vgl. Margrit Brückner: Geschlecht und Öffentlichkeit. Für und Wider das Auftreten als Frau oder als Mensch. In: Margrit Brückner/Birgit Meyer/Gisela Wüffling (Hrsg.): Die sichtbare Frau. Die Aneignung der gesellschaftlichen Räume. [Forum Frauenforschung, Band 7. Schriftenreihe der Sektion Frauenforschung in der deutschen Gesellschaft für Soziologie.] Freiburg/i.Br. 1994, S.21-56, S.23ff.

[51] Vgl. ebd. S.33f.; Vgl. Gisela Wülfling: Die öffentliche Frau. Ein vertrautes oder fremdartiges Zauberwesen? In: Margrit Brückner/Birgit Meyer/Gisela Wüffling (Hrsg.): Die sichtbare Frau. Die Aneignung der gesellschaftlichen Räume. [Forum Frauenforschung, Band 7. Schriftenreihe der Sektion Frauenforschung in der Deutschen Gesellschaft für Soziologie.] Freiburg/i.Br. 1994, S.57-75, S.68.

[52] Vgl. Margrit Brückner: Geschlecht und Öffentlichkeit. Für und Wider das Auftreten als Frau oder als Mensch, S.35f.

Perfektion und äußere Härte kompensiert werden, was zwar den generellen Eindruck von ‚Tauglichkeit' schafft, häufig allerdings zu einem ‚geschlechtslosen' Auftreten oder sogar zu einer ‚Vermännlichung' der öffentlichen Frau führt. Das Festhalten an stereotyper Weiblichkeit und der Vorstellung, dass weibliche Eigenschaften nicht für die Öffentlichkeit geeignet sind, verlangt von Frauen quasi „so gut wie Männer"[53] zu sein.

Eine alternative Bewältigungsmethode ist Akzeptanz durch Gefallen zu generieren. Dies geschieht durch das Porträtieren einer gelungenen weiblichen Persönlichkeit[54]. Gefallen als weibliche Persönlichkeit kann durch das Verkörpern einer strengen, unanstößigen, aber dennoch warmen Damenhaftigkeit, die eine prototypische Mutterfigur repräsentiert, erreicht werden. Da dieses Weiblichkeitsbild allerdings zwar eine beruhigende Ausstrahlung hat, ihm aber gleichzeitig auch etwas Konservatives, Ältliches anhaftet, scheint eine zweite Variante verhältnismäßig beliebter. Gefallen im Rahmen der Öffentlichkeit kann vor allem auch durch das Darstellen der perfekten Frau, die Ansprüche der Weiblichkeit und Professionalität mit scheinbarer Leichtigkeit verbindet, erreicht werden. Die perfekte Frau verkörpert Souveränität in allen Lebenslagen – sie ist attraktiv, erfolgreich und fürsorglich zugleich. Der Perfektionsanspruch wird allerdings nicht nur von Männern an Frauen in der Öffentlichkeit und von diesen an sich selber gerichtet, sondern besteht auch bei Frauen untereinander. Frauen in der Öffentlichkeit werden aufgrund ihres Geschlechts also sowohl von Frauen, als auch von Männern, kritischer beobachtet und müssen ihre prekäre Situation unter enormer Anstrengung und mithilfe eines gesellschaftlich akzeptierten Bewältigungsmechanismus verarbeiten. Sie stehen dabei unter einer Doppelbelastung, die sie sich allerdings nicht sichtbar anmerken lassen dürfen, da sie neben ihrer individuellen Position, gleichzeitig repräsentativ für ihr ganzes Geschlecht einstehen. Öffentlichen Frauen kommt die Beweislast zu, nachweisen zu müssen, dass ihnen der prominente gesellschaftliche Platz überhaupt – trotz ihres Frauseins- zusteht. Diejenige, die dem Idealbild der öffentlichen Frau nicht gerecht werden kann, wird gleichzeitig als Beweis dafür herangezogen, dass Frauen eben doch besser außerhalb der öffentlichen Bereiche aufgehoben sind[55]. Durch den Perfektionsanspruch an Frauen in öffentlichen Räumen wird die

---

53 Gisela Wülfling: Die öffentliche Frau. Ein vertrautes oder fremdartiges Zauberwesen?, S.61.

54 Vgl. Margrit Brückner: Geschlecht und Öffentlichkeit. Für und Wider das Auftreten als Frau oder als Mensch, S.40.

55 Margrit Brückner: Geschlecht und Öffentlichkeit. Für und Wider das Auftreten als Frau oder als Mensch, S.40ff.

besondere Anstrengung, die für Frauen notwendig ist, um überhaupt in diese Bereiche zu gelangen, und die damit verbundene Chancenungleichheit zwischen den Geschlechtern unsichtbar gemacht, während stereotype Frauenbilder und gesellschaftliche Ansprüche an das weibliche Geschlecht aufrecht erhalten werden. Wer diesem Idealbild der Weiblichkeit nicht entsprechen kann oder möchte, kann höchstens noch als geschlechtsneutrales Wesen einen Platz in der Öffentlichkeit finden. Als Advokatin für frauenspezifische Interessen sind auch sie allerdings nur bedingt qualifiziert, da sie nicht als weiblich, und damit nicht als authentische Interessenvertretung wahrgenommen werden. Sollten sie sich dennoch aktiv für weibliche Interessen einsetzen, kann dies umgekehrt auch zum Verlust des sicheren Status im Raum der männlich dominierten Öffentlichkeiten führen, da der Eindruck der Geschlechtslosigkeit nicht aufrecht erhalten werden kann.

Viele Bereiche der Öffentlichkeit sind für Frauen also nach wie vor gefährliche Räume, die zudem eine hohe Verletzungsoffenheit in sich tragen. Die Gefahr zu scheitern und die damit verbundenen Sanktionen, sowie das Risiko angegriffen zu werden, sind groß und müssen durch die soeben näher beleuchteten Bewältigungsstrategien kompensiert werden, die ihrerseits allerdings die Herrschaftsstrukturen aufrecht erhalten. „Die Reproduktion ungleichheitsgenerierender Handlungsroutinen [werden gestützt] [...], indem es sie der Thematisierbarkeit entzieht und [...] gegen Kritik immunisiert"[56], sodass öffentliche Räume sich oft nur schwerlich als Ort der Kritik an eben diesen Strukturen eignen.

3.3 Frauen und die massenmedialen Öffentlichkeiten

Die prekäre Platzierung von Weiblichkeit in Relation zu Öffentlichkeit ist auch in der medialen Repräsentation von Frauen erfahrbar. Trotz prominenterer Präsenz von Frauen in den massenmedialen Öffentlichkeiten scheint sich kein Gefühl substantieller Repräsentanz einzustellen[57].

---

[56] Angelika Wetterer: Das erfolgreiche Scheitern feministischer Kritik. Rhetorische Modernisierung, symbolische Gewalt und die Reproduktion männlicher Herrschaft. In: Erna Apelt/Brigitte Aulenbacher/ dies. (Hrsg.): Gesellschaft. Feministische Krisendiagnosen. [Forum Frauen- und Geschlechterforschung. Schriftenreihe der Sektion Frauen- und Geschlechterforschung in der Deutschen Gesellschaft für Soziologie. Band 37.] 1.Aufl.. Münster 2013 S.246-266, S.247.

[57] Vgl. Gisela Wülfling: Die öffentliche Frau. Ein vertrautes oder fremdartiges Zauberwesen?,S.58f.

Bei der Betrachtung von medialen Öffentlichkeiten, ist nicht nur die quantitative, sondern auch die qualitative Darstellung von Frauen für ein umfassendes Verständnis relevant. Zwar scheint der Anteil von Frauen in der Medienlandschaft – sowohl vor, als auch hinter der Kamera - generell anzusteigen, dennoch liegt noch immer eine Ungleichheit zwischen den Geschlechtern vor[58]. Trotz eines generellen Aufwärtstrend der Zahlen, sind Frauen im Schnitt weniger oft auf dem Bildschirm zu sehen als Männer, wie beispielsweise eine dieses Jahr von Maria Furtwängler initiierte Studie zur Repräsentation von Frauen und Männern im Fernsehen und der Kinolandschaft in Deutschland zeigt[59]. Macur hebt darüber hinaus die ungleiche Verteilung der Geschlechter innerhalb der Hierarchieebenen hervor[60]. Auch eine spätere Untersuchung, zum Thema Frauen in Medien der Gleichstellungsministerkonferenz zum Internationalen Frauentag, verfestigt diese Funde. Die Präsenz von Frauen, auch in aktiven Rollen, hat sich merklich gesteigert, womit auch eine vermeintliche Ausdifferenziertheit der Frauenbilder einhergeht.[61] Im Bereich der ,harten' Berichterstattung zu Themen wie Politik oder Wirtschaft findet sich jedoch weiterhin ein sehr starker *gender bias*. Die Berichterstattung in diesen Themenbereichen ist sowohl inhaltlich, als auch in der Präsentation, eher von männlichen Stimmen dominiert[62]. Hier wird deutlich, dass die stereotype Verbindung von Geschlecht mit bestimmten Thematiken weiterhin den Alltag für Frauen in den medialen Öffentlichkeiten bestimmt. Die traditionellen Geschlechterstereotype führen zu einer ungleichen Verteilung von Rollen und Möglichkeiten innerhalb der Medien. So sind Frauen trotz insgesamt wachsender Präsenz in den medialen Öffentlichkeiten an bestimmte Thematiken und Rollen gebunden.

---

[58] Vgl. Franziska Macur: Weibliche Diskurskulturen. Privat. Beruflich. Medial, S.61.

[59] Vgl. dpa: Studie von Maria Furtwänglers Stiftung: Frauen im Fernsehen deutlich unterrepräsentiert, 13.07.2017. In: Meedia.de, URL: http://meedia.de/2017/07/13/studie-von-maria-furtwaenglers-stiftung-frauen-im-fernsehen-deutlich-unterrepraesentiert/ (26.08.2017).

[60] Vgl. Franziska Macur: Weibliche Diskurskulturen. Privat. Beruflich. Medial, S.61.

[61] Vgl. Margreth Lünenborg: Ins Bild gesetzt und aus dem Rahmen gefallen – Zum Wandel der Darstellung von Frauen in den Medien. In: Ministerium für Gesundheit, Emanzipation, Pflege und Alter des Landes Nordrhein-Westfalen (Hrsg.): Frauen in den Medien. Dokumentation der Veranstaltung zum Internationalen Frauentag 2010, Neuss 2010, S.6-15, Eingesehen als Onlinequelle, URL: https://www.gleichstellungsministerkonferenz.de/documents/Frauen_in_den_Medien.pdf (27.08.2017), S.9f.

[62] Ebd. S.10ff.

Die Darstellung und Entfaltungsmöglichkeiten von Frauen und Männern in den Massenmedien sind an Geschlechterstereotypen orientiert.

Diese Geschlechtsdefinitionen liefern eine ‚Richtschnur dafür, was als angemessenes weibliches, was als ‚normales‘ männliches Verhalten im journalistischen Beruf gilt und was im Gegenteil als unerwartet, seltsam, unprofessionell angesehen wird‘[63].

Diese Feststellung von Elisabeth Klaus gilt allerdings für fast alle medialen Auftritte von Männern und Frauen und ist nicht auf den journalistischen Beruf zu reduzieren. Der Bereich der medialen Öffentlichkeit ist also ein Raum, in dem sich sowohl der Prozess des *Gendering*, als auch des *Doing Gender* vollzieht und auch die neuen Massenmedien präsentieren sich als eine Bühne, die historisch von Männern geprägt, und durch Interessenunterschiede und Machtgefälle strukturiert ist[64].

---

[63] Franziska Macur: Weibliche Diskurskulturen. Privat. Beruflich. Medial, S.62.
[64] Vgl. ebd. S.63.

4 Neue Technologien, neue Räume?

In den ersten beiden Abschnitten dieser Arbeit wurde die Unterteilung von Öffentlichkeit und Privater Sphäre als ein gesellschaftliches Konstrukt demaskiert, das eng mit den sozialen und wirtschaftlichen Strukturen einer Gesellschaft verbunden ist. Die bipolare Ausrichtung der beiden Bereiche bietet einen simplen und praktischen Kategorisierungsprozess an, der die Etablierung von Männern und Frauen als den beiden Sphären zugeordnetes Gegensatzpaar fördert. Es wurde argumentiert, dass die Unterteilung der gesellschaftlichen Lebenswelt in öffentlich und privat somit also auch als Vehikel zur Marginalisierung von Frauen zu verstehen ist. Die Einteilung bestimmter Personengruppen oder Thematiken in den Bereich der Privatheit ist strukturgebend für Herrschaftsansprüche innerhalb einer Gesellschaft. Als gesellschaftliches Konstrukt ist die Dichotomie von öffentlich und privat allerdings flexibel, sodass sich die Grenzen zwischen ihnen immer wieder verschieben. Fast nirgendwo zeigt sich ein gesellschaftlicher Veränderungsprozess so sehr wie hier. Gesellschaftliche Veränderungen, wie beispielsweise das Einführen neuer Medien, können dabei Einfluss auf die Grenzen haben. Die Verschiebung der Grenzen zwischen privat und öffentlich wiederum kann gesellschaftliche Veränderungen mit sich führen und besitzen, damit auch das Potential eine Neuverteilung der Machtverhältnisse innerhalb der Gesellschaft einzuleiten. Um genügend Einfluss für weitreichende Veränderungen aufzubauen, bedarf es allerdings einer öffentlichen Plattform. Da Öffentlichkeiten jedoch keine herrschaftsfreien Zonen sind, finden weibliche Stimmen nur schwer den Weg in die Öffentlichkeit.

> Auch wenn die Dichotomie männlich versus weiblich nicht mehr mit häuslich und öffentlich gleichgesetzt werden kann, spielt sie doch immer noch mit bei der Verortung von Männern und Frauen. Da der öffentliche Raum historisch den Männern vorbehalten wird, fließt diese Prägung immer noch in unser heutiges Verständnis und unser Kategorien denken mit ein. [...] Der private Rahmen wird [...] [noch immer] als natürliches Umfeld der Frau verstanden[65].

Die Bereiche der Öffentlichkeit bringen entsprechend bestimmte gegenderte Verhaltensnormen mit sich, auf deren Nichteinhalten Sanktionen folgen. Das Praktizieren dieser Normen potenziert allerdings die geschlechtlichen Herrschaftsstruk-

---

[65] Franziska Macur: Weibliche Diskurskulturen. Privat. Beruflich. Medial, S.57f.

turen. Wie in Teil 2 und 3 dieser Arbeit besprochen wird, sind auch die Massenmedien Kommunikationsfelder, die auf der Grundlage klassischer dichotomer Strukturen funktionieren und das ungleiche Machtverhältnis fortführen.

Erschwerend kommen hier außerdem die negativen Folgen neoliberaler und postdemokratischer Entwicklungen und der damit einhergehenden Neustrukturierung von Öffentlichkeit und Privatheit hinzu, die vor allem auch das Geschlechterverhältnis berührt. Phänomene wie die „in transnationale Netzwerke ausgelagerte nicht-öffentliche Politik"[66], der Rückbau des Staates und die Privatisierung öffentlicher Dienste und Leistungen betreffen strukturell bedingt häufiger Frauen und führen zu einer verstärkten (Re-)Maskulinisierung des öffentlichen Raums[67].

Angesichts dieser Feststellungen und der Tendenzen zur postdemokratischen Transformation und Entpolitisierung der massenmedialen Öffentlichkeit, bietet es sich auch aus feministischer Perspektive an, in die, mit dem weit verbreiteten Nutzen des Web 2.0 erneut entfachten Debatten, um den Öffentlichkeitsbegriff und das Potential der neuen Technologien einzusteigen. Die Schaffung einer alternativen Öffentlichkeit im Cyberspace kann zu einem ausgewogeneren Frauenbild beitragen und Frauen über ihr traditionelles Rollenbild hinaus eine Stimme geben.

4.1 Soziale Medien und Öffentlichkeitsstrukturen

Wie die Analysen um die Grenzziehungen bzw. Grenzauflösungen von Privatheit und Öffentlichkeit im ersten Teil dieser Arbeit dargelegt haben, befinden sich dann, wenn bislang als privat Deklariertes in die Öffentlichkeit gelangt, und das was als Privat gilt, öffentlich neu verhandelt wird, auch die Grenzziehungen inhärenter Vorstellungen von Männlichkeit und Weiblichkeit in Bewegung. Im Zeitalter der neuen Medien werden die Grenzen von privat und öffentlich erneut verschoben, sodass auch traditionelle Geschlechtervorstellungen in einen neuen gesellschaftlichen Aushandlungsprozess geraten und sich möglicherweise zugunsten eines hierarchiefreien Konzeptes von Identität auflösen[68].

---

[66] Max Preglau: Öffentlichkeit versus Privatheit: Grenzziehungen und –Verschiebungen in geschlechterkritischer Beleuchtung, S.259.

[67] Vgl Max Preglau: Öffentlichkeit versus Privatheit: Grenzziehungen und –Verschiebungen in geschlechterkritischer Beleuchtung, S.158ff.

[68] Vgl. Birgit Riegraf/Hanna Hacker/Heike Kahlert/BrigitteLiebig/Martina Peitz/Rosa Reitsamer: Zur Einleitung: Geschechterverhältnisse und neue Öffentlichkeiten. Feministische Perspektiven, S.9.

Kaum eine Entwicklung hat die normativen Grenzen zwischen den Bereichen des Privaten und des Öffentlichen so drastisch verwischt wie das Internet und jetzt erneut die Technologien des Web 2.0. Ein vereinfachtes Bereitstellen und Teilen von Informationen, Beteiligungsmöglichkeiten für vielfältige AkteurInnen, vereinfachte Kommunikationsabläufe und eine vergrößerte Erreichbarkeit führen außerdem dazu, dass das Web 2.0 als Medium zur Schaffung neuer Öffentlichkeiten und Instrument deliberativer Prozesse betrachtet wird. Social Media verändern die Grenzziehung von Öffentlichkeit und Privatsphäre dabei vor allem, indem diese ein Set von Tools liefern, mit dem Informationen leicht mit einem breitgefächerten Publikum geteilt werden können[69]. Außerdem wird die häusliche bzw. private Sphäre durch die Möglichkeit der Nutzung dieser Tools von zuhause aus zunehmend zu einem politisierten Ort. Online dagegen werden vor allem in sozialen Netzwerken und Blogs zunehmend „Informationen veröffentlicht, die sich auf private Erlebnisse, Erfahrungen und Gedanken beziehen"[70] Für UserInnen ist die Nutzung dieser Tools außerdem mit neuen Handlungsaufforderungen verbunden. Social Media Plattformen fordern ihre NutzerInnen zur Selbstrepräsentation, einer möglichst authentischen Darstellung des eigenen Lebens und Alltags, Bereitstellung und Mitarbeit an Inhalten, Vernetzung und Kontaktpflege, Bewertungen usw. auf. ForscherInnen, die positiv auf die neuen Kommunikationstechnologien schauen, versprechen sich im Internet einen Ort, der weitgehend frei von Herrschaftsstrukturen operiert und somit implizit auch die Realisierung des Habermaschen Ideals der bürgerlichen Öffentlichkeit repräsentiert. Die entkörperte, und von traditionellen Identitätsmarkern befreite Onlinekommunikation bietet zum einen die Hoffnung auf eine diskriminierungsfreie Onlinegesellschaft, zum anderen wird von der Möglichkeit online mit Identitäten und Persönlichkeiten experimentieren zu können außerdem die Entlarvung von Kategorien wie Geschlecht als Soziales Konstrukt erwartet[71]. InternetskeptikerInnen haben allerdings schon früh darauf hingewiesen, dass Unterdrückung und Marginalisierung ein fundamentaler, struktureller Teil der Gesellschaft sind, die in allen gesellschaftlichen Praktiken wiederzufinden sind. Auch wenn Internetnutzer nicht *sehen*, mit wem sie online in

---

[69] Vgl. Alice E. Marwick: Online Identity. In: John Hartley/Jean Burgess/Axel Bruns (Hrsg.): A Compantion to New Media Dynamics. Chichester/Oxford 2013, S.355-364 S.361.

[70] Ricarda Drüeke: Öffentlichkeiten im Umbruch – theoretische Überlegungen zu Online- Öffentlichkeiten und Geschlechterverhältnissen, S.97.

[71] Vgl. Alice E. Marwick: Online Identity, Mit Verweis auf Turkle 1995, S.357.

Kontakt stehen, bleiben ihre ideologischen Überzeugungen die gleichen[72]. Auch kritische Auseinandersetzung mit der Nutzung sozialer Medien hat ergeben, dass diese mitnichten hegemoniale, herrschaftsfreie Räume sind, auch wenn die männliche Dominanz von NutzerInnen selbst im Cyberspace als deutlich geringer im Vergleich zum physischen Raum eingeschätzt wird[73]. Lisa Nakamura beispielsweise stellt fest, dass der typische Onlinenutzer, wenn nicht anders markiert, als weiß, männlich und heterosexuell gedacht wird. Nutzende, die diesem Profil nicht entsprechen, sind also auch auf Social Media Plattformen normativen Ansprüchen ausgesetzt und laufen Gefahr für ihre ‚Abweichungen' sanktioniert zu werden. Die Systematiken und Praktiken struktureller Unterdrückung operieren folglich auch hier und es handelt sich keinesfalls um Räume, die frei von heteronormativen Machtstrukturen operieren[74]. Soziale Medien laden darüber hinaus sogar dazu ein, sich online durch die normativen Strukturkategorien zu identifizieren. Zum einen neigen UserInnen dazu ihr Online-Selbst möglichst in Übereinstimmung mit ihrer sozialen Identität, zu erstellen[75]. Zum anderen fordern die Plattformen der Sozialen Medien sogar explizit dazu auf diese Daten im Rahmen der Erstellung einer authentischen Online-Präsenz anzugeben. UserInnen werden dazu angehalten Templates auszufüllen und ihre Profile im Rahmen der gegebenen Möglichkeiten zu individualisieren. Dabei werden vor allem persönliche Daten relevant. Aber nicht nur bedingt durch die Frames der jeweiligen Social Media Plattformen, sondern auch aufgrund der herrschenden sozialen Normen innerhalb der Community von OnlinnutzerInnen, müssen Aspekte des Selbst konstruiert und präsentiert werden. Das Teilen von privaten Informationen wird dabei Prämisse, um mit anderen Usern zu interagieren und an den kommunikativen Abläufen teilnehmen zu können[76]. KritikerInnen von Social Media kritisieren darüber hinaus auch die starke Ausrichtung

---

[72] Vgl. ebd. mit Verweis auf Herring 1999 und Soukup 1999, S.357.

[73] Vgl. Souad Slaoui: How much Digitall Activism plays a role in Political Activism. A case study of Marocco's February 20th movement. In: Journalism and Mass Communication (2014), H. 4 S. 163-171. Eingesehen als Onlinequelle: URL: http://www.davidpublisher.org/Public/uploads/Contribute/558108a4e2ce8.pdf (28.08.2017), S.169.

[74] Vgl. Jan-Hinrik Schmidt: Practices of Network Identity. In: John Hartley/Jean Burgess/Axel Bruns (Hrsg.): A Compantion to New Media Dynamics. Chichester/Oxford 2013, S.365-374, S.370f. ; Vgl. Alice E. Marwick, Alice: Online Identity, Mit Verweis auf Nakamura 1999, S.359.

[75] Vgl. Alice E. Marwick, Alice: Online Identity, Mit Verweis auf Baym 2010, S.357.

[76] Vgl. Jan-Hinrik Schmidt: Practices of Network Identity, S.368ff.

der Plattformen auf kommerzielle Zwecke. Kritische Stimmen machen darauf aufmerksam, dass es Bestimmungszweck der Plattformen ist, die Informationen und Aktivitäten der UserInnen auf verschiedene Weise kommerziell zu verwerten. Das technische Design der Plattformen ist entsprechend so ausgelegt, dass individuell gestaltete Werbung, das Angebot lizensierter Drittanbieter und die Verwertung von Nutzerdaten zur Gewinnerzielung genutzt werden können. Das Design scheint also bewusst darauf ausgelegt eine profitorientierte Umgebung zu schaffen, in der AnwenderInnen zu passiven KonsumentInnen gemacht werden[77]. Dies ist vor allem für Frauen nachteilig, da ihre Akzeptanz als Bürgerinnen auch historisch schon eng mit ihrer Rolle als Konsumentinnen verknüpft ist[78].

Social Media Plattformen liefern zunächst also nicht die Voraussetzung für das Entstehen von Räumen, die frei von Strukturkategorien und Machthierarchien existieren, dennoch besitzen sie durchaus subversives Potential. Durch die spezifische von Social Media Settings initiierte Identitätskonstruktion, werden jene Aspekte des Lebens, die durch die normative Trennung in zwei dichotome Sphären privat gemacht wurden, und die vor allem Bereiche der Weiblichkeit betreffen, tendenziell wieder in den öffentlichen Fokus gerückt. Damit bieten sie also zum einen die Grundlage einer öffentlichen Diskussion von bisher aus dem Bereich der Öffentlichkeit ausgeschlossenen Thematiken. Zum anderen sehen feministische WissenschaftlerInnen schon in der Konstruktion von Online-Identitäten ein Austarieren von kulturellen normativen Ansprüchen an die NutzerInnen und argumentieren somit dafür, dass die Teilhabe an Online-Öffentlichkeiten ein inhärent politischer Akt ist, indem unter anderem Citizenship Skills erprobt werden[79]. Die neuen Technologien bieten sich aber auch aufgrund der vereinfachten Möglichkeiten zur Gruppenvernetzung als ein starkes Werkzeug für das Ausdrücken von Solidarität, den Austausch mit Gleichgesinnten, sowie für die Organisation von und Beteiligung an

---

[77] Vgl. Mirko Tobias Schäfer: Instabile (Gegen-)Öffentlichkeiten. Online-Plattformen als hybride From gesellschaftspolitischer Debatten. In: Ingeborg Baxmann/Timon Beyes/Claus Pias (Hrsg.): Soziale Medien- Neue Massen. 1. Aufl. Zurüch/Berlin 2014, S.281-300, S.281-288.

[78] Elisabeth Klaus/ Ricarda Drüeke: Öffentlichkeiten in Bewegung? Das Internet als Herausforderung für feministische Öffentlichkeitstheorien. In: Tanja Maier/Martina Thiele/Christine Linke (Hrsg.): Medien, Öffentlichkeit und Geschlecht in Bewegung. Forschungsperspektiven der kommunikations- und medienwissenschaftlichen Geschlechterforschung. Bielefeld 2012, S.51-70, S.54.

[79] Anita Harris: Online Cultures and Future Girl Citizens. In: Elke Zobl/Ricarda Drüeke (Hrsg.): Feminist Media. Participatory Spaces, Networks and Cultural Citizenship. [Critical Media Studies. Band 9.] Bielefeld 2012, S.213-225, S.222.

Aktivismus an, wie unter anderem die Wiener Studierendenproteste 2009 gezeigt haben[80]. Auch Coleman, Jones[81] und Pesce[82] beschreiben die weitreichenden Möglichkeiten politischer Einflussnahme mithilfe von Social Media Netzwerken. Coleman argumentiert unter anderem, dass Soziale Medien einzigartige Möglichkeiten für die Entstehung neuer Öffentlichkeiten bieten. Sie erweitern das politische Handlungsfeld und vereinfachen die Partizipation an politischer Öffentlichkeit substantiell[83]. Auch Schäfer sieht in populären Online Plattformen wie Twitter oder Facebook wichtige Infrastrukturen innerhalb der politischen Debatte, wo Aufmerksamkeit für politische Themen generiert, Aktivismus organisiert und Informationen verteilt werden. Hierin sieht er das Potential Sozialer Medien zur Generierung von Öffentlichkeiten[84]. Social Media Plattformen scheinen sich also trotz der auch hier operierenden gesellschaftlichen Strukturkategorien, als Tool für subversive politische Aktionen mit geschlechterkritischer Zielsetzung zu eignen.

Social Media sind also für feministische Interessen insofern interessant, als dass sie sich als Medium zur Etablierung einer feministisch emanzipatorischen Öffentlichkeit anbieten. Da soziale Netzwerke schon in ihrer Struktur aus dem Privaten schöpfen[85], besteht für Frauen innerhalb der Plattformen die Möglichkeit vermeintlich private Themen, in einem gesellschaftlich akzeptierten Rahmen, öffentlich zu verhandeln. Vor allem auch aufgrund der zahlreichen Möglichkeiten der Ver-

---

[80] Für eine detaillierte Analyse der Rolle von Social Media innerhalb der Studierendenproteste in Wien unter Einbezugnahme einer kritischen Auseinandersetzung mit Selbst-Aktivierung und Geschlecht bietet sich Monika Bernolds Arbeit *Bewegungsöffentlichkeiten, mediale Selbst-Aktivierung und Geschlecht. Die Studierendenproteste in Wien 2009* an. ; Vgl. Monika Bernold: Bewegungsöffentlichkeiten, mediale Selbst-Aktivierung und Geschlecht. Die Studierendenproteste in Wien 2009. In: Tanja Maier/Martina Thiele/Christine Linke (Hrsg.): Medien, Öffentlichkeit und Geschlecht in Bewegung. Forschungsperspektiven der kommunikations- und medienwissenschaftlichen Geschlechterforschung. Bielefeld 2012, S.143-162.

[81] Vgl. Jeffrey P. Jones: Parody, Performativtiy and Play. In: John Hartley/Jean Burgess/Axel Bruns (Hrsg.): A Compantion to New Media Dynamics. Chichester/Oxford 2013, S.S.396-406.

[82] Vgl. Mark Pesce: The New Media Toolkit. In: John Hartley/Jean Burgess/Axel Bruns (Hrsg.): A Compantion to New Media Dynamics. Chichester/Oxford 2013, S.429-438.

[83] Vgl. Stephen Coleman: The Internet and the Opening Up of Political Space. In: John Hartley/Jean Burgess/Axel Bruns (Hrsg.): A Compantion to New Media Dynamics. Chichester/Oxford 2013, S.377-384.

[84] Vgl. Mirko Tobias Schäfer: Instabile (Gegen-)Öffentlichkeiten. Online-Plattformen als hybride From gesellschaftspolitischer Debatten, S.288.

[85] Vgl. Drüeke, Ricarda: Öffentlichkeit im Umbruch, S.97

netzung untereinander scheinen Social Media-Aktionen fruchtbar, um die Bedürfnisse einer marginalisierten Gruppe auszuhandeln und sichtbar zu machen. Vor allem die Aspekte der Partizipationskultur werden für das subversive Potential von Öffentlichkeiten im Cyberspace relevant. In welchem Rahmen Social Media Nutzung dieses Potential nun auch in der Praxis ausschöpfen kann, soll eine punktuelle Untersuchung der feministischen Online-Kampagne Free The Nipple zeigen.

4.2 Online DIY Kulturen und die Free The Nipple Kampagne

Online DIY Kulturen sind eine vor allem unter jungen Frauen besonders häufig genutzte Form der Partizipationskultur der Sozialen Medien. Laut Anita Harris umfassen *Online DIY Kulturen* all jene, durch die neuen Technologien des Web 2.0 ermöglichten Praktiken, die sich sozialen und politischen Themen widmen, ohne dabei politisch im konventionellen Sinne zu sein. Sie umfassen Onlineauftritte, die von jungen Frauen erstellt werden und die sich mit politischen Themen auseinandersetzen, die für die Gestalterinnen von Belang sind[86]. Die Free The Nipple Kampagne bezeichnet sich selbst als eine globale Bewegung, die sich dem Einsatz für die Freiheit, Gleichberechtigung und Ermächtigung aller Menschen verschrieben hat. Sie hat sich 2012 als Ausweitung einer filmischen Protestaktion von Lina Esco gegründet. Der 2014 veröffentlichte Film zeigt die Geschichte einer Gruppe von jungen Frauen, die eine Protestbewegung organisieren, deren Ziel es ist die nackte weibliche Brust in der Öffentlichkeit zu dekriminalisieren und den weiblichen Körper zu entsexualisieren. Basierend auf einer wahren Geschichte folgt der Film dem Verlauf des Massenprotests, der sich gegen Tabus und die gesellschaftliche Doppelmoral richtet. Die ‚Befreiung des weiblichen Nippels' wird dabei der allgemeinen Befreiung von geschlechtsbedingten Einschränkungen gleichgesetzt.

Mittlerweile versteht sich die Bewegung als eine der aktivsten Stimmen im Einsatz für Gleichberechtigung. Sie möchte öffentlich auf die täglich praktizierten Ungleichheiten zwischen den Geschlechtern aufmerksam machen und auch die zugrundeliegenden strukturellen Problematiken aufdecken. Die Bewegung ist auf allen gängigen Social Media Plattformen (Twitter, Instagram, Youtube und Facebook) vertreten, um ein weitreichendes öffentliches Bewusstsein für soziale Ungerechtigkeit zu schaffen und um Veränderungen in diesen Bereichen zu bewirken. Auf ihrer

---

[86] Vgl. Anita Harris: Online Cultures and Future Girl Citizens, S.214f.

Website informiert die Kampagne außerdem über die Mission, Ziele und Geschichte der Bewegung.

Die Kampagne ist eine Verbindung von ‚real life' und online Protesten, die sich mithilfe von Social Media organisieren, aber auch auf den Plattformen selber stattfinden. Innerhalb der Netzgemeinschaften richten sich die Proteste auch gegen die Richtlinien und Nutzungsbestimmungen der Plattformen, sowie Zensuren durch die Betreiber. Vor allem durch die Zensuren von Bildern, die weibliche Brustwarzen in einem nicht sexuellen Kontext zeigten, hat die Kampagne stetig an Dynamik aufgenommen. Besonders viel mediale Aufmerksamkeit erregten in den letzten Jahren die Debatten um die Community Guidelines der Social Media Plattform Facebook, die weibliche Nippel als anstößig klassifiziert und immer wieder auch Bilder von stillenden Müttern löschte; graphische Bilder von Gewalt oder Köperflüssigkeiten jedoch als akzeptabel einstufte und deren Verbreitung auf Facebook billigte[87]. Als Reaktion auf die wiederholte Löschung von harmlosen Bildern, verwenden AnwenderInnen die Infrastruktur und das User-Interface Facebooks, um Kritik an den unternehmungseigenen Richtlinien und Politiken zu üben, die in diesem Fall die Sexualisierung des weiblichen Körpers und die kulturelle Unterdrückung von Frauen widerzuspiegeln scheinen. Um auf die Doppelmoral der Richtlinien aufmerksam zu machen, entstehen Protestreaktionen innerhalb der Plattform; unter anderem auch Facebook-Gruppen – einige von diesen unter dem Hashtag #freethenipple[88]. Der Hashtag wurde allerdings nicht nur zum Benennen der Facebookgruppen genutzt, sondern taucht auch in Verbindung mit Videos, Fotos, oder Artikeln etc. auf diversen Sozialen Medien immer wieder auf, um gegen den gesellschaftlichen Doppelstandard zu protestieren.

---

[87] Als Beispiel für die Debatte um Facebook Censorship:
Vgl. Anonymous: Facebook's nudity and violence guidelines are laid bare, 21.02.2012. In: The Guardian, URL: https://www.theguardian.com/technology/2012/feb/21/facebook-nudity-violence-censorship-guidelines (27.08.2017).

[88] Als Beispiel für eine der unzähligen Facebook-Gruppen:
Vgl. facebook, URL: https://www.facebook.com/groups/288524074880878/ (27.08.2017).

2015 hat die Kampagne noch mehr internationales Interesse erregt, als eine 17-jährige Studentin ein Foto von ihren Nippeln im Rahmen eines Posts veröffentlicht, der den ‚Free the Nipple'-Tag an ihrer Universität promoten soll[89]. Ein sogenannter Internettroll reagiert aggressiv und beleidigend auf das Bild der jungen Frau. Das versuchte ‚Bodyshaming' löst daraufhin eine Welle von solidarischen Tweets von Frauen aus, die unter dem Hashtag #freethenipple ebenfalls Bilder von ihren Brustwarzen teilen[90]. Noch im selben Jahr verbreitet sich der Ausdruck ‚Free the Nipple' mit einem unglaublichen Erfolg auf allen Social Media Kanälen und wird häufiger als andere Begriffe im Zusammenhang mit geschlechtlicher Gleichberechtigung gebraucht[91]. Andere Hashtags, die sich in Bezug auf das Free The Nipple Movement entwickelt haben sind: #freethenipplemovement, #freethenipplecampaign, und #freethenipps. Diese Hashtags werden auf allen gängigen Social Media Netzwerken mit der Protestbewegung und deren Zielen in Verbindung gebracht. Zu unterscheiden ist dabei allerdings zwischen den offiziellen Accounts der Free The Nipple Kampagne und den privaten Accounts von NutzerInnen, die sich durch das Nutzen der Hashtags mit der Bewegung und deren Zielen solidarisch zeigen und in ihrer Rolle als Privatpersonen an der Bewegung teilnehmen. Harris stellt fest, dass Online DIY Kulturen sich häufig darauf beschränken einen Ort des Sprechens zu bilden, in dem den Partizipierenden eine Stimme gegeben wird, in denen sie sich über Thematiken austauschen können, die für sie persönlich relevant sind, die allerdings nicht tatsächlich auch aktiv daran arbeiten Veränderungen durchzusetzen, indem sie sich an politische Einrichtungen wenden[92]. Auch bei der Free The Nipple Kampagne lässt sich durchaus feststellen, dass viele AnhängerInnen der Bewegung sich vor allem darauf beschränken Bilder zu teilen, deren Inhalte auf die eine oder an-

---

[89] Als Beispiel für einen der vielen Artikel, die über die Reaktionen auf den Online-Auftritt der isländischen Studentin berichten: Vgl. Ron Dicker: 'Free The Nipple' Campaign Re-Emerges After Icelandic Teen Mocked Online, 27.03.2015. In: huffingtonpost.com, URL: http://www.huffingtonpost.com/2015/03/27/free-the-nipple_n_6956978.html (27.08.2017).

[90] Ron Dicker: 'Free The Nipple' Campaign Re-Emerges After Icelandic Teen Mocked Online, 27.03.2015. In: huffingtonpost.com, URL: http://www.huffingtonpost.com/2015/03/27/free-the-nipple_n_6956978.html (27.08.2017).

[91] Vgl. Deborah Acosta: FREE THE NIPPLE? 26.01.2016. In: nytimes.com, URL: https://www.nytimes.com/video/fashion/100000004162595/free-the-nipple.html (26.08.2017), TC 00:00:28 - 00:00:36.

[92] Vgl. Anita Harris: Online Cultures and Future Girl Citizens, S.215.

dere Art für die Bewegung von Relevanz sind. Die offiziellen Accounts dagegen fordern regelmäßig auch zu Demonstrationen und politischen Handlungen im traditionellen Rahmen der Citizenship Rechte auf[93]. Die Bewegung kann also durch die Kombination von online und offline Praktiken als politisch aktiv sowohl im traditionellen Sinne, als auch in einem erweiterten Verständnis von politischer Teilhabe, unter anderem nach Harris[94], verstanden werden.

Basierend auf Thematik und Teilnehmenden entspricht die Onlineprotestbewegung einer *subalternen Gegenöffentlichkeit* nach Fraser. Diese definiert die Wissenschaftlerin als „parallele, diskursive Räume [...], in denen Angehörige untergeordneter Gruppen Gegendiskurse erfinden und in Umlauf setzen"[95]. Die Teilnehmenden der Free The Nipple Kampagne setzen sich über die Kritik an der Doppelmoral bezüglich weiblicher und männlicher Körper und deren Darstellung in Bereichen der Öffentlichkeit, mit der Ungleichheiten zwischen den Geschlechtern auseinander und entwerfen in ihren Forderungen Alternativszenarios. Zwar scheint die Bewegung zunächst sehr auf die biologischen Merkmale von Weiblichkeit definiert und könnte damit als ein rein biologischer Feminismus interpretiert werden. Jedoch soll an dieser Stelle unbedingt betont werden, dass die Kampagne nicht als Aufruf für einen Feminismus verstanden werden soll, dessen Basis biologische Geschlechtlichkeit im Sinne von *sex,* ist. Noch soll sie als eine Gleichberechtigungsbewegung fehlinterpretiert werden, die die dichotome Aufteilung von Geschlecht im Sinne von *gender* in männlich und weiblich aufrecht erhalten möchte, und die sich auf die Forderung nach Gleichberechtigung zwischen Mann und Frau beschränkt. Vielmehr soll die Kampagne als eine feministisch emanzipatorische Gleichberechtigungsbewegung für alle verstanden werden, die zum einen den Doppelstandard in der Zweiteilung der Geschlechter deutlich macht, die aber zum anderen auch die kulturellen Einschreibungen in den Körper aufzeigt und zu überwinden sucht. Unter dem Hashtag #freethenipple finden sich auf Twitter beispielsweise Tweets, die die Berichterstattung über Frauen oder Frauenthematiken kritisieren, die die Sexualisierung weiblicher Körper oder auch das Gender Pay Gap thematisieren, die zum Einsatz für Trans-Rechte auffordern, normative Gendervorstellungen dekonstruieren und Protestbewegungen organisieren oder zur Teilnahme an Equality

---

[93] Vgl. Freethenipple: The Official Free The Nipple Account, 29.12.2016: In: instagram, URL: https://www.instagram.com/p/BOleKOZBH08/ (26.08.2017).

[94] Vgl. Anita Harris: Online Cultures and Future Girl Citizens, S.219ff.

[95] Nancy: Öffentliche Sphären, Genealogien und symbolische Ordnungen. In: dies. (Hrsg.): Die halbierte Gerechtigkeit. Frankfurt/M. 2001, S.127-248., S.129.

Märschen aufrufen. Dies sind nur einige von vielen Thematiken, denen sich die AnhängerInnen der Free The Nipple Bewegung widmen. Auch die Free The Nipple Kampagne verbindet, wie Harris als typisch für sogenannte Online DIY Kulturen beschreibt, persönliche politische Standpunkte der UserInnen mit politischen Analysen, Aktivismusstrategien, Kunst und Links zu Accounts anderer AktivistInnen sowie offline Aktivitäten, die sich mit den Thematiken der Kampagne auseinandersetzen. Sie argumentiert, dass diese von jungen Frauen betriebenen Online Kulturen wichtige Praktiken für die Konstruktion von Gegenöffentlichkeiten sind, da sie Foren für Diskurse und Austausch über politische und soziale Ideen für diejenigen, die innerhalb der politischen Debatte des Mainstream ausgeschlossen sind, darstellen[96]. Die Kampagne nutzt die technischen Voraussetzungen der Social Media Plattformen, um eine politisch motivierte Öffentlichkeit zu generieren.

4.3 Ausweichen auf Alternativöffentlichkeiten in Online DIY Kulturen als weibliches Phänomen

Die Themen, mit denen sich die Free The Nipple Kampagne auseinandersetzt, aber auch die Tatsache, dass die jungen Frauen sich einen Platz im öffentlichen Raum durch eine alternative Gegenöffentlichkeit in Form einer Online DIY Kultur erschließen müssen, bestätigt die Miss- und Unterrepräsentation von Frauen in den Mainstream-Öffentlichkeiten, sowie die nach wie vor existierenden Zugangsbehinderungen zu diesen. Bewusst oder unbewusst scheint dies allerdings vor allem bei jüngeren Frauen angekommen zu sein, die sich vermehrt in Online Öffentlichkeiten platzieren. Obwohl es schwer zu messen ist, vertreten WissenschaftlerInnen, wie etwa Orlowski und Bortree, die Position, dass junge Frauen die größte Gruppe von aktiven Bloggern darstellen[97]. Eine britische Studie zeigt außerdem, dass vor allem junge Frauen von den neuen Technologien Gebrauch machen, da sie ihnen das Gefühl von mehr ‚Bewegungsfreiheit', aus der privaten bzw. häuslichen Sphäre in die öffentliche, vermitteln. Implizit wird hier auch deutlich, dass Frauen weiterhin das

---

[96] Vgl. Anita Harris: Online Cultures and Future Girl Citizens, S.214f.

[97] Vgl. Denise S. Bortree: Talking pink and green: Exploring teen girls' online discussions of environmental issues. In: Sharon R. Mazarella: Girl Wide Web 2.0: Revisiting Girls, the Internet, and the Negotiation of Identity, New York 2010, 245-262. ; Vgl. Andrew Orlowski: Most Bloggers "Are Teenage Girls" – Survey, 30.05.2003. In: The Register, URL: https://www.theregister.co.uk/2003/05/30/most_bloggers_are_teenage_girls/ (27.08.2017).

Gefühl haben in die private Sphäre verbannt zu sein. Häufig werden Online DIY Kulturen von UserInnen entsprechend als Orte verstanden, die irgendwo zwischen der öffentlichen und der privaten Sphäre existieren. Social Media Plattformen liefern damit ein öffentliches Forum, innerhalb dessen sich Frauen zu ihren eigenen Bedingungen ausdrücken können[98]; auch ohne die ihnen gesellschaftlich zugeordnete Sphäre gänzlich verlassen und mit entsprechenden Sanktionen rechnen zu müssen (Vgl. Abschnitt 3). Die technologischen Möglichkeiten des Web 2.0 bieten also eine bedeutsame Alternative, um öffentlich aufzutreten, ohne dabei der Verletzungsoffenheit der Mainstream-Öffentlichkeiten ausgeliefert zu sein. Dass hierbei vor allem Themen aus der Sphäre des Privaten ausgehandelt werden, verdeutlicht erneut die Zuordnung des Weiblichen in den privaten Raum. Erst dadurch, dass die Themen den ihnen zugeschrieben Raum verlassen, wird die vermeintlich natürliche Zuordnung aufgebrochen.

Auch die Free The Nipple Kampagne greift bewusst auf die Tools des Web 2.0 zurück, die Alternativen zur Mainstream-Öffentlichkeit bieten, da Online DIY Kulturen einen einladenden und sichereren Ort kreieren, sich über Fraueninteressen und feministische Thematiken auszutauschen, als traditionelle politische Foren[99]. Dass das Partizipieren in Online DIY Kulturen ein so weit verbreitetes Phänomen vor allem unter jungen Frauen und bezüglich weiblicher Thematiken ist, ist ein starker Indikator dafür, dass sie zu offline Öffentlichkeiten nur bedingt bis gar keinen Zugang haben[100]. Formen von online Aktivität, wie sie die Free The Nipple Bewegung zeigt, offenbaren weibliches Verlangen nach Möglichkeiten neue öffentliche Räume zu kreieren und zu besetzen, die über die Einschränkungen des Mainstream hinausgehen. Baumann fürchtet allerdings, dass selbst Online DIY Kulturen nicht mehr sind, als eine letzte Möglichkeit für marginalisierte Gruppen, das was an öffentlichem Raum für sie übrig geblieben ist, mit ihren persönlichen Erfahrungen, Sorgen und Wünschen zu füllen, ohne, dass diese überhaupt die Kapazität

---

[98] Vgl. Anita Harris: Online Cultures and Future Girl Citizens. S.217ff.

[99] Vgl. ebd. S.216.

[100] Vgl. Danah Boyd: Why Youth (Heart) Socual Network Sites: The Role of Network Publics in Teenage Social Life. In: David Buckingham (Hrsg.): MacArthur Foundation Series on Digital Learning – Youth, Identity, and Digital Media Volume. Cambridge/Massachusetts 2007. Eingesehen als Onlinequelle, URL: http://www.danah.org/papers/WhyYouthHeart.pdf (27.08.2017), S.19.

haben in öffentliche Sachverhalte transferiert zu werden[101]. Das Finden öffentlicher Lösungen und Einflussnahme auf die gesellschaftspolitische Realität blieben damit von vornherein verwehrt, auch wenn es sich, wie bei der Free The Nipple Bewegung, um Gegenöffentlichkeiten mit politisch emanzipatorischem Anspruch handelt. Im nachfolgenden Abschnitt dieser Arbeit soll der Frage nachgegangen werden, ob das subversive Potential der Online DIY Kultur zum Tragen kommt, oder ob sich Baumanns Befürchtungen realisieren und sich die Kritikpunkte der Free The Nipple Bewegung im Sand verlaufen, da weiblich dominierte Gegenöffentlichkeiten im öffentlichen Raum der Mainstream-Gesellschaft neutralisiert werden.

4.4 Feministische Gegenöffentlichkeiten im öffentlichen Raum – eine kritische Auseinandersetzung mit den Reaktionen auf Free The Nipple

Durch Social Media Plattformen bekommen soziale Bewegungen, Subkulturen und Gegenöffentlichkeiten also neue Formen sich zu verständigen und mitzuteilen. Auch feministische Aktivitäten bleiben dadurch im Web 2.0 nicht nur unter sich, sondern erreichen aufgrund der Vernetzungsmöglichkeiten durchaus breite Öffentlichkeiten[102]. Tatsächlich werden weibliche online Aktivitäten jedoch weniger ernst genommen, als die männlicher Nutzer[103]. Dies äußert sich vor allem innerhalb der Social Media Plattformen selber dadurch, dass andere, vorwiegend männliche Nutzer, mit negativen Kommentaren auf die Free The Nipple Bewegung reagieren. Die negativen Reaktionen treten sowohl in direkter Verbindung mit Posts

---

[101] Vgl. Zygmunt Baumann: The Individualised Society. Cambridge 2001, S.106f.

[102] Einige Besispiele für erfolgreiche feministische Social Media Proteste sind die Twitter-Kampagne #mooreandme, die sich über Twitter direkt an den Filmemacher Michael Moore, sowie den TV Moderator Keith Olberman wendete, die Vergewaltigungsvorwürfe gegen den Wikileaks-Gründer Julian Assange als lächerlich dargestellt hatten, und die bereits innerhalb einer Woche zu einer Entschuldigung beider Prominenter führte, sowie der Trendhashtag #penenbonus, durch den in einer kollektiv Aktion auf männliche Privilegien aufmerksam gemacht wurde. Mehr zu diesem Thema findet sich u.a. auch in Tanja Carstensens Aufsatz *Verhandlung von Geschlecht und Feminismus im Web 2.0*. Vgl. Tanja Carstensen: Verhandlungen von Geschlecht und Feminismus im Web 2.0 . In: Birgit Riegraf/Hanna Hacker/Heike Kahlert/Brigitte Liebig/Martina Peitz/Rosa Reitsamer (Hrsg.): Geschlechterverhältnisse und neue Öffentlichkeiten. Feministische Perspektiven. [Forum Frauen- und Geschlechterforschung. Schriftenreihe der Sektion Frauen- Und Geschlechterforschung der Deutschen Gesellschaft für Soziologie. Band 36.], S.112-127.

[103] Vgl. Anita Harris: Online Cultures and Future Girl Citizens, Mit Bezug auf Ratliff 2004 und Gregg 2006, S.215.

von Aktivistinnen als auch als separat verfasste Beiträge, die sich durch die Verwendung des Hashtags ablehnend an die Bewegung richten, auf. Negative Reaktionen auf die Free The Nipple Bewegung kommen auf allen Plattformen vor, auf denen die Protestaktion aktiv ist, und reichen von mehr oder weniger harmlos geäußerter Kritik[104], über das Lächerlichmachen der Aktion[105], bis hin zu Beleidigungen[106], oder sogar Vergewaltigungs-, Gewalt- und Morddrohungen. Zwar können die ModeratorInnen der offiziellen Accounts und die NutzerInnen von Privat-Accounts solche Reaktionen durch die Report-Funktion und das Löschen von Kommentaren zu einem gewissen Grad kontrollieren, und damit den öffentlichen Raum zumindest anteilig wieder zurückerobern. Allerdings sind die Reaktionen immer erst nach einem direkten Angriff möglich, sodass das emotionale Wohlbefinden der Opfer erheblich geschädigt werden kann, was sich auch negativ auf die Bewegungsfreiheit im öffentlichen Raum der Sozialen Medien auswirkt und dazu führen kann, dass Frauen sich auch aus diesen Bereichen zurückziehen. Negativ hinzukommt außerdem, dass die Betreiber der Social Media Plattformen solche Drohungen kaum ernst nehmen und solch gewalttätiges Verhalten so tolerieren[107]. Auffällig ist außerdem, dass sich selbst die im Vergleich als harmlos einzustufenden Kommentare, respektloser Begriffe und vulgärer Ausdrucksweisen bedienen[108]. Ein Kommentar eines männlichen Nutzers, der sich kritisch und rational mit der Kampagne

---

[104] Freethenipple: The Official Free The Nipple Account, 29.12.2016: In: instagram, URL: https://www.instagram.com/p/BOleKOZBH08/ (26.08.2017).

[105] Vgl. EL Joe Benitez, 10.08.2017. In: facebook, URL: https://www.facebook.com/ElJoeBenitezArtist/posts/10154751851351524 (27.08.2017).

[106] Vgl. Freethenipple: #FREETHENIPPLE TIME FOR #EQUALITY, 07.12.2014. In: facebook, URL: https://www.facebook.com/freethenipple/photos/p.824156917627828/824156917627828/?type=1&opaqopaqueC=Abp8WKhDolmXSO5N6R7xruxkEPDAvQABX_h02uhhOoNq9GIc_ewqljQoy0Hw9JKwe19e-T7gWUdacf5GidfOy9IUHycFxnJieGakI-ZvWJ0mH7EoUV7GQ01LrCErdVMika5UQYEdat70cfGZJv3y4lT01g799hCDIucmSh0gQlqPT-BDgNaFyHcrBZ2pC1BX7JC5IdedslhHQpGRSFG9u9BbU0Pzc2XTPX-JujKZ4zdBCnrFH3SQ49Ainrpxj7JF4CKFcvaOoA0dzj8VgEYuFcpHF5h5bG09QCP5EXtAiWoTLnYuCEXt81kmVYZf10kpm58nHUhZDh916HGXQVVZe7FPrSuoJWt2Ka47szBTaIroAZKsCqytQ5bxTrt5gxg16WU47stao2xkCtEi2wj207v5Li3LJwEc8Wu7x0SG9BVK-8TUkwxjYymsz4QH7szv6xKwA&theater (25.08.2017).

[107] Vgl. Lindy West: Twitter doesn't think these rape and death threats are harassment, 11.12.2015. In: The Daily Dot, URL: https://www.dailydot.com/via/twitter-harassment-rape-death-threat-report/ (26.08.2017).

[108] Vgl. Nick Mason, 26.07.2017. In: facebook, URL: https://www.facebook.com/permalink.php?story_fbid=280409955701009&id=100011960197759 (26.08.2017).

auseinandersetzt ist schwer zu finden. Solches Verhalten ist in feministischen Kontexten im Internet durchaus typisch, wie Pritsch und Bretz et al. festgestellt haben.

> Feminist_innen müssen sich immer wieder mit ‚Trollen' auseinandersetzten, d.h. mit Personen, die im Internet mit sexistischen, rassistischen, homo- und transphoben Kommentaren bewusst provozieren, verletzten und beleidigen, um feministische Äußerungen aus der Öffentlichkeit zu drängen[109].

Dass es den ‚Trollen' dabei explizit um das Verdrängen von Machthierarchie kritischen Positionen geht, lässt sich auch bei der Free The Nipple Kampagne feststellen. Inhalte, die sich im Zuge der Kampagne einen Platz in der Öffentlichkeit suchen, und aktiv die gesellschaftlichen Gendernormen verletzten, werden besonders hart sanktioniert. Die Angriffe richten sich dabei vor allem gegen solche Posts, die sich explizit feministisch positionieren oder deren Subjekte von heteronormativen Ansprüchen an Weiblichkeit abweichen[110]. Unter einem Bild, das eine junge Frau zeigt, deren Achseln unrasiert sind, fordern Kommentierende die dargestellte Person vermehrt dazu auf sich zu rasieren, da weibliche Körperbehaarung unnatürlich sei. Sie wird darüber hinaus als „nasty", „fucking ugly" und „gross" beschimpft. Ein besonders degradierender Kommentar verkündet sogar „Girls are only good for sucking dick"[111]. Hier wird deutlich, dass vor allem verbale Gewalt als Mittel genutzt wird, um zu verhindern, dass Frauen aktiv, und nach ihren eigenen Bedingungen, öffentlichen Raum besetzten. Die Aktivistinnen versuchen alternative Wirklichkeitsszenarien zu gestalten, werden aber sogar innerhalb dieser Nieschenöffentlichkeit für den Versuch ‚bestraft' und aus dem öffentlichen Raum gedrängt. Dies wiederum ist ein Indikator dafür, dass der private Raum nach wie vor als gesellschaftlich angestammter Platz für Weiblichkeit verstanden wird.

Auffällig ist außerdem, dass solche Posts, die attraktive junge Frauen ohne BH zeigen, unbehelligt bleiben, oder sogar positiven Zuspruch, wieder vor allem von männlichen Nutzern, erfahren. Für KritikerInnen der Bewegung spricht dies dafür, dass männliche Dominanz durch die Bewegung nicht nur nicht herausgefordert

---

[109] Tanja Carstensen: Verhandlungen von Geschlecht und Feminismus im Web 2.0, S.122.

[110] Vgl. Freethenipple: The Official Free The Nipple Account, 03.04.2017. In: instagram , URL: https://www.instagram.com/p/BSbeKRBBbOv/?taken-by=freethenipple (26.08.2017).

[111] Vgl. Freethenipple: The Official Free The Nipple Account, 19.05.2017. In: instagram , URL https://www.instagram.com/p/BURuIBoh3MH/?taken-by=freethenipple (26.08.2017).

wird, sondern dass die Bewegung selbst zur Stärkung männlicher Macht dient. Kritische Stimmen sehen in der Kampagne einen postfeministischen Schachzug, der zur Objektifizierung der Frau beiträgt und sich dabei lediglich als emanzipatorisch tarnt[112]. Junge Frauen würden aufgefordert sich im Namen der Selbstermächtigung auszuziehen, womit sie jedoch auch zur Unterhaltung männlicher Nutzer beitragen und den *male gaze*, sowie männliche Dominanz im öffentlichen Raum vervielfältigen. Darüber hinaus wird der Versuch von Frauen eine kritische Gegenöffentlichkeit zu etablieren sogar zur Verbreitung sexistischer und pornographischer Inhalte missbraucht. Wer beispielsweise bei Instagram nach dem Hashtag #freethenipple sucht, wird hauptsächlich mit pornographischem Material konfrontiert. Damit wird die Kampagne entwertet und ihre Wirksamkeit flächendeckend neutralisiert. Das zahllose Teilen von pornographischen Inhalten mit dem Hasthtag #freethenipple führt außerdem dazu, dass die Sichtbarkeit der Bewegung deutlich eingeschränkt wird, da die tatsächlich emanzipatorisch kritischen Inhalte deutlich schwerer aufzufinden bzw. ausfindig gemacht werden können.

Wenn sich Männer außerhalb der Social Media Plattformen mit der Bewegung auseinandersetzen, geschieht auch diese selten in nüchterner Sprache. Stattdessen wird das Bedürfnis von Frauen sich einen Platz in der Öffentlichkeit zu erobern als lächerlich oder schlichtweg narzisstisch dargestellt[113]. Interessant ist dabei, dass die männlichen Autoren sich zutrauen Bedürfnisse, Wünsche und Empfindungen von Frauen zu verstehen - oft anscheinend sogar besser als die Aktivistinnen selber. Auf Basis dieser Informationen glauben sie sich in der Lage den Aktivistinnen erklären zu können, warum ihr Protest unangebracht und es für alle Beteiligten von Vorteil wäre, wenn die bisherigen gesellschaftlichen Strukturen einfach weiter so hingenommen würden.

---

[112] Vgl. Jessica Megarry: #FreetheNipple or #FreeMaleDesire? Has social media really been good for feminism?, 20.04.2015. In: Feminist Current, URL: http://www.feministcurrent.com/2015/04/20/freethenipple-or-freemaledesire-has-social-media-really-been-good-for-feminism/ (26.08.2017).

[113] Vgl. Ethan Wolfe: #Freethenipple is another example of female narcissism and armchair activism, 13.04.2015. In: Return of Kings, URL: http://www.returnofkings.com/60523/freethenipple-is-another-example-of-female-narcissism-and-armchair-activismIn (27.08.2017).

In größeren medialen Öffentlichkeiten eilen vor allem Journalistinnen zur Verteidigung der Free The Nipple Bewegung[114]. Sie erläutern die Wünsche und Ziele der Kampagne und unterstreichen, warum diese gesellschaftlich relevant ist[115]. Zwar ist dies auch Indiz dafür, dass feministische Gegenöffentlichkeiten wenig Anerkennung erhalten und einer Erklärung bedürfen, allerdings wird die Protestaktion so auch Subjekt größerer Medienöffentlichkeiten. Andere Journalistinnen setzten sich kritisch mit der Bewegung auseinander und beleuchten Vor- und Nachteile der gewählten Protestform[116], kommen jedoch in der Regel zu dem Schluss, dass die Bewegung erfolgreich gesellschaftliche Doppelstandards aufdeckt und zumindest die Ziele der Kampagne die richtigen sind.

Sowohl die positiven, als auch die positiv-kritischen Auseinandersetzungen mit der Kampagne finden allerdings hauptsächlich in linksliberal positionierten Medien statt[117]. Dies spricht unter anderem dafür, dass die Bewegung nur in solchen Öffentlichkeiten positiven Zuspruch findet, die machthierarchischen Gesellschaftsstrukturen gegenüber generell kritisch eingestellt sind. In hegemonialen medialen Öffentlichkeiten, die vor allem von Bevölkerungsgruppen, die von den Machtungleichheiten profitieren, dominiert werden, findet die Bewegung augenscheinlich keine Erwähnung, geschweige denn Befürwortung.

Darüber hinaus berichten hauptsächlich Populär Frauenmagazine über Free The Nipple. Dies ist allerdings als problematisch-positiver Diskurs anzusehen. Zwar findet eine oberflächliche Auseinandersetzung mit der Bewegung statt, allerdings wird sich in den Magazinen so gut wie gar nicht mit deren politischen Motivation auseinandergesetzt. Stattdessen werden die ‚ohne BH-Looks' von Frauen bewertet

---

[114] Vgl. Deborah Acosta: The Fight to Free the Nipple, 26.01.2016. In: The New York Times, URL: https://www.nytimes.com/2016/01/25/fashion/free-the-nipple-video.html (26.08.2017).

[115] Vgl. Anonymous: Spotlight on: ‚Free The Nipple', 18.07.2014. In: Independent Ireland, URL: http://www.independent.ie/style/beauty/body/spotlight-on-free-the-nipple-30434543.html (26.08.2017)

[116] Vgl. Sophie Heawood: #Freethenipple: Liberation or Titillation?, 06.04.2015. In: The Guardian, URL: https://www.theguardian.com/lifeandstyle/2015/apr/06/free-the-nipple-liberation-photos-breasts (27.08.2017).

[117] Vgl. Alanna Ketler: Female nipples are causing an internet storm and here's why (nudity). #Freethenipple, 10.06.2015. In: Collective Evolution, URL: http://www.collective-evolution.com/2015/06/10/female-nipples-are-causing-an-internet-storm-heres-why-nudity-freethenipple/ (28.08.2017).

und nach Style-Faktor und Attraktivität geurteilt[118]. Damit trägt die Berichterstattung über die Kampagne allerdings selbst zu dem bei, wogegen Free The Nipple sich eigentlich wenden soll – die Sexualisierung und Objektifizierung der Frau. Die Kampagne wird genutzt, um Tipps in Sachen Mode zu geben und zu erklären, wie man sich als Frau zu geben habe. Dabei werden ursprünglich politisch emanzipatorische motivierte Statements in Fashion-Trends verwandelt[119], wodurch die Bewegung selber nicht nur kommerzialisiert, sondern auch in kapitalistischen Strukturen eingebettet wird, die wiederum binäre Gendervorstellungen reproduzieren[120].

Ob die Free The Nipple Bewegung zur Umsetzung ihrer weitgefassten feministischen Ziele führen kann, bleibt aufgrund der Neutralisierungsmechanismen fraglich. Fest steht allerdings, dass sie Aufmerksamkeit erregt und auch über die Social Media Öffentlichkeiten hinaus Beachtung findet. Nicht nur das Motto ‚Free The Nipple' selbst hat einen hohen Bekanntheitsgrad erreicht und ist in aller Munde, es scheinen sogar einige Veränderungen als Reaktion auf die Bewegung sattgefunden zu haben. Facebook beispielsweise hat seine Zensurrichtlinien entsprechend der Forderungen angepasst und auch eine Modifikation der Instagram Zensurrichtlinien scheint zur Debatte zu stehen[121]. Auch ‚offline' konnte die Bewegung genug sozialen Druck aufbauen, um einige ihrer Ziele zu erreichen. Nach einer Klage von Free The Nipple Aktivistinnen, die viel mediale Aufmerksamkeit erfahren hat, und deren Verlauf vor allem innerhalb Sozialer Medien und unter Nutzung des Hashtags #freethenipple sehr genau beobachtet wurde, entscheidet ein Richter des Bundesgerichts in Colorado, dass ein Gesetz, das es ausschließlich Frauen verbie-

---

[118] Vgl. Maxim Staff: Eight times smoking hot celebreties ditched their bras and made the world a sexier place, 15.06.2017. In: Maxim, URL: https://www.maxim.com/women/celebrities-braless-2017-6 (26.08.2017).

[119] Vgl. Niamh Campbell: Has the 'free the nipple' become the biggest fashion trend of 2016?, 28.06.2016. In: Evoke.ie, URL: http://evoke.ie/style/fashion-fix/bra-free-fashion-trend-2016 (26.08.2017).

[120] Vgl. Martha Cliff: 'Free the Nipple' campaign hits the catwalk: Sheer emerges as next season's hottest trend at London Fashion Week as models bare their breasts on the runway, 16.09.2014. In: Mail Online, URL: http://www.dailymail.co.uk/femail/article-2756702/Free-Nipple-campaign-hits-catwalk-Sheer-emerges-season-s-hottest-trend-London-Fashion-Week-models-bare-breasts-runway.html (27.08.2017).

[121] Vgl. Alanna Ketler: Female nipples are causing an internet storm and here's why (nudity). #Freethenipple.

tet, sich ohne Oberteil in der Öffentlichkeit zu zeigen, diskriminierend sei. Es verhärte Stereotype, die den weiblichen Körper sexualisieren[122]. Zwar wurde der Entscheid durch eine Klage der Gründerinnen erreicht und ist damit keine direkte Reaktion auf die in Sozialen Medien abgehaltenen Proteste. Dennoch ist die Tatsache, dass die Aktion durch Social Media eine so große Öffentlichkeit erreicht hat, sowie der damit aufgekommene öffentliche Druck, nicht zu unterschätzen und es bleibt fraglich, ob die Aktivistinnen die Klage ohne die große Unterstützung der Onlinegemeinschaft überhaupt hätten durchsetzen können[123]. Immerhin hat die Vernetzung durch Soziale Medien auch zu einer stärkeren Präsenz von Offline Protesten und einer damit ebenfalls verbundenen Verhandlung der Bewegung in größeren medialen Öffentlichkeiten geführt[124]. Dass Politiker sich durchaus durch die Bewegung unter Druck gesetzt fühlen, zeigt außerdem ein Beispiel aus New Hampshire. Hier haben Politiker einen gegenläufigen Gesetzesentwurf vorgeschlagen. Auf Basis des Gesetzentwurfs würde das Entblößen weiblicher Brüste im Staat von New Hampshire in jeglichen öffentlichen Bereichen – inklusive beispielsweise des Strandes - zu einem strafrechtlichen Vergehen gemacht. Mit diesem Gesetz reagieren die Politiker direkt auf die Free The Nipple Social Media Kampagne. Einer der in der Durchsetzung des Gesetzes involvierten Politiker, beschreibt die Bewegung als eine Kampagne die die Werte der Gemeinde New Hampshires direkt zu verändern sucht, und dadurch zu einem Gesellschaftszusammenbruch führen könnte[125]. Dass Politiker in den USA sich genötigt fühlen mit Gesetzesänderungen direkt auf die Bewegung zu reagieren, zeigt welche Kraft zu gesellschaftlichen Veränderungen dann doch hinter der Social Media Bewegung stecken. Nach Negt und Kluge lässt sich nicht nur die Existenz, sondern auch das Potential einer Gegenöffentlichkeit aus systematischen Regulierungsversuchen dieser ablesen[126]. Die aktiven

---

[122] Vgl. Danika Worthington: Federal Judge orders Fort Collins to "free the nipple" — from city regulation, 22.02.2017. In: Denver Post, URL: http://www.denverpost.com/2017/02/22/topless-fort-collins-free-the-nipple-regulation/ (28.08.2017).

[123] Vgl. Rachel Revesz: 'Free the nipple' campaigners launch legal fight to expose their breasts, 01.06.2017. In: Independent UK, URL: http://www.independent.co.uk/news/world/americas/free-the-nipple-campaigners-launch-legal-fight-to-expose-their-breasts-a7059676.html (28.08.2017).

[124] Vgl. Julie Zeilinger: Here's What the Free the Nipple Movement Has Really Accomplished, 21.08.2015. In: Mic, URL: https://mic.com/articles/124146/here-s-what-the-free-the-nipple-movement-has-really-accomplished#.smR25XLOz (28.08.2017).

[125] Vgl. Nadya Agrawal: Male Politicians Warn Exposed Boobs May Cause Society To Collapse, 29.02.2016. In: Huffington Post, URL: http://www.huffingtonpost.com/entry/new-hampshire-law-topless-women_us_56d49cbee4b03260bf77b2ff (28.08.2017).

[126] Vgl. Miriam Hansen: Early Silent Cinema: Whose Public Sphere?, S.173f.

Neutralisierungsversuche der Free The Nipple Kampagne, wie die Online Sanktionen oder auch Gesetzesverschärfungen sprechen also dafür, dass eine Gegenöffentlichkeit existiert, und diese durchaus als Bedrohung für die gesellschaftlichen Machthierarchien wahrgenommen wird. Dennoch hat die Vergangenheit gezeigt, dass die Regulierungen aufkommender Gegenöffentlichkeiten auf Dauer in den allermeisten Fällen erfolgreich sind. Wie sich dies mit den durch Social Media Tools geschaffenen alternativen Öffentlichkeiten verhält, wird sich wohl erst in Zukunft zeigen. Sollte die Neutralisierung des subversiven Potentials der Online Kampagne allerdings zur Gänze gelingen, bleibt die Tatsache, dass die Teilnahme an der Bewegung den Aktivistinnen zumindest weiterhin ein Gefühl von Selbstermächtigung vermittelt, und das Besetzen von öffentlichem Raum mit offensiver Weiblichkeit zumindest zu einem gewissen Grad der (Selbst-) Befreiung führen kann.

5 Fazit – Raumfüller oder Vehikel für gesellschaftliche Veränderung?

Das Konzept von Öffentlichkeit ist ein gesellschaftliches Konstrukt, das mit herrschenden Strukturkategorien verflochten ist. Frauen sind dabei traditionell in die Sphäre des Privaten verbannt. Die feministische Forschung hat allerdings schon früh erkannt, dass Öffentlichkeit kein statischer Raum ist, sondern ein Prozess, der gesellschaftliche Normen und Strukturen verhandelt. Demnach besteht der öffentliche Raum aus mehreren koexistierenden Teilöffentlichkeiten. Aufgrund der ungleichen Verteilung des Faktors Macht sind die divergenten Öffentlichkeiten allerdings auf unterschiedlichen Ebenen zu lokalisieren. Hegemoniale Öffentlichkeiten haben entsprechend mehr Einfluss auf realgesellschaftliche Politiken. Nach wie vor sind die hegemonialen Öffentlichkeiten allerdings männlich aufgeladen. Frauen bleiben somit weiterhin aus den starken Öffentlichkeiten ausgeschlossen bzw. dürfen ausschließlich unter den Herrschaftshierarchien verstärkenden Bedingungen des Patriarchats in diesen auftreten. Dennoch haben sich vor allem durch die medial bedingten Veränderungen in Öffentlichkeitsstrukturen die Grenzen zwischen der privaten und der öffentlichen Sphäre immer wieder verschoben, sodass sich auch für Frauen neue und bessere Möglichkeiten ergeben, subalterne Gegenöffentlichkeiten zu generieren und mit emanzipatorischem Potential in den öffentlichen Raum zu treten. Obwohl vor allem auch feministische Bewegungen aktiv versucht haben, die aufkommenden Chancen zur Veränderung machthierarchischer Strukturen zu nutzen, konnten sie in der Vergangenheit aufgrund der strukturellen und finanziellen Imperative kommerzieller medialer Öffentlichkeiten dennoch keine Handlungsautonomie erreichen[127]. Mediale Mainstream Öffentlichkeiten haben sich als männlich dominiert erwiesen und tendieren somit dazu patriarchale Strukturen zu reproduzieren. Die Möglichkeiten realgesellschaftliche Veränderungen aus geschlechterkritischer Perspektive herbeizuführen, werden damit größtenteils neutralisiert.

Vor allem durch die neuen Technologien des Web 2.0 ergeben sich allerdings zahlreiche Optionen, um die Grenzen zwischen den dichotomen Sphären des Privaten und Öffentlichen neu zu bestimmen. Besonders Frauen nutzen diese Möglichkeiten

---

[127] Vgl. Linda Steiner: Using New Technologies to Enter te Public Sphere, Second Wave Style. In: Elke Zobl/Ricarda Drüeke (Hrsg.): Feminist Media. Participatory Spaces, Networks and Cultural Citizenship.[Critical Media Studies. Band 9.] Bielefeld 2012, S.182-193, S.183.

verstärkt, um private Erfahrungen öffentlich auszuhandeln und sich, und ihre Be-dürfnisse, in eine öffentliche Existenz zu schreiben[128]. Besonders durch die Vernet-zungsmöglichkeiten der Social Media Plattformen können so Gegenöffentlichkeiten generiert werden, die die Bedürfnisse einer marginalisierten Gruppe repräsentie-ren.

Feministische Aktionen wie die Free The Nipple Kampagne schaffen mit Hilfe der Sozialen Medien emanzipatorische Gegenöffentlichkeiten, die auch in hegemonia-len Öffentlichkeiten Aufmerksamkeit erregen. Inwiefern sie nun allerdings zu real-gesellschaftlichen Veränderungen führen können, ist zu diesem Zeitpunkt noch un-klar. Offensichtlich ist jedoch, dass Online DIY Kulturen, wie die feministische Social Media Bewegung Free The Nipple, zur Schaffung einer sozialen Identität beitragen und vor allem unter jungen Frauen ein (virtuelles) Gemeinschaftsgefühl generieren können, das ermächtigend wirkt. Feministische Gegenöffentlichkeiten im Web 2.0 sind eine Chance neue öffentliche Räume einzunehmen und Bewusstsein für die Verortung der Frau in der Sphäre des Privaten sowie die geschlechtlichen Macht-gefälle zu schaffen.

---

[128] Vgl. Anita Harris: Online Cultures and Future Girl Citizens, S.218.

6 Literaturverzeichnis

6.1 Bibliographie

Acosta, Deborah: The Fight to Free the Nipple, 26.01.2016. In: The New York Times, URL: https://www.nytimes.com/2016/01/25/fashion/free-the-nipple-video.html (26.08.2017).

Agrawal, Nadya: Male Politicians Warn Exposed Boobs May Cause Society To Collapse, 29.02.2016. In: Huffington Post, URL: http://www.huffington-post.com/entry/new-hampshire-law-topless-wo-men_us_56d49cbee4b03260bf77b2ff (28.08.2017).

Anonymous: Feminstische Öffentlichkeit . Eine theoretische Annäherung. In: Gruppe Feministische Öffentlichkeit (Hrsg.): Femina Publica: Frauen, Öffentlichkeit, Feminismus. Köln 1992, S.14-22.

Anonymous: Facebook's nudity and violence guidelines are laid bare, 21.02.2012. In: theguardian.com, URL: https://www.theguard-ian.com/technology/2012/feb/21/facebook-nudity-violence-censorship-guidelines (27.08.2017).

Anonymous: Spotlight on: ‚Free The Nipple‘, 18.07.2014. In: Independent Ireland, URL: http://www.independent.ie/style/beauty/body/spotlight-on-free-the-nipple-30434543.html (26.08.2017).

Baumann, Zygmunt: The Individualised Society. Cambridge 2001

Bernold, Monika: Bewegungsöffentlichkeiten, mediale Selbst-Aktivierung und Geschlecht. Die Studierendenproteste in Wien 2009. In: Tanja Maier/Martina Thiele/Christine Linke (Hrsg.): Medien, Öffentlichkeit und Geschlecht in Bewegung. Forschungsperspektiven der kommunikations- und medienwissenschaftlichen Geschlechterforschung. Bielefeld 2012, S.143-162.

Bourdieu, Pierre: Distinction: A Social Critique of The Judgment of Taste. Cambrdige/Massachusetts 1984.

Bortree, Denise S.: Talking pink and green: Exploring teen girls' online discussions of environmental issues. In: Sharon R. Mazarella: Girl Wide Web 2.0: Revisiting Girls, the Internet, and the Negotiation of Identity, New York 2010, S.245-262.

Boyd, Danah: Why Youth (Heart) Socual Network Sites: The Role of Network Publics in Teenage Social Life. In: David Buckingham (Hrsg.): MacArthur Foundation Series on Digital Learning – Youth, Identity, and Digital Media Volume. Cambridge/Massachusetts 2007. Eingesehen als Onlinequelle, URL: http://www.danah.org/papers/WhyYouthHeart.pdf (27.08.2017),

Brückner, Margrit: Geschlecht und Öffentlichkeit. Für und Wider das Auftreten als Frau oder als Mensch. In: Margrit Brückner/Birgit Meyer/Gisela Wüffling (Hrsg.): Die sichtbare Frau. Die Aneignung der gesellschaftlichen Räume. [Forum Frauenforschung, Band 7. Schriftenreihe der Sektion Frauenforschung in der Deutschen Gesellschaft für Soziologie.] Freiburg/i.Br. 1994, S.21-56.

Butsch, Richard: Introduction: How are the Media Public Spheres? In: ders. (Hrsg.): Media and Public Spheres. Hamshire/New York, N.Y. 2007, S.1-14.

Campbell, Niamh: Has the 'free the nipple' become the biggest fashion trend of 2016?, 28.06.2016. In: Evoke.ie, URL: http://evoke.ie/style/fashion-fix/bra-free-fashion-trend-2016 (26.08.2017).

Cliff, Martha: 'Free the Nipple' campaign hits the catwalk: Sheer emerges as next season's hottest trend at London Fashion Week as models bare their breasts on the runway, 16.09.2014. In: Mail Online, URL: http://www.dailymail.co.uk/femail/article-2756702/Free-Nipple-campaign-hits-catwalk-Sheer-emerges-season-s-hottest-trend-London-Fashion-Week-models-bare-breasts-runway.html (27.08.2017).

Coleman, Stephen: The Internet and the Opening Up of Political Space. In: John Hartley/Jean Burgess/Axel Bruns (Hrsg.): A Compantion to New Media Dynamics. Chichester/Oxford 2013,S.377-384.

Crenshaw, Kimberlé: Mapping the Margins: Intersectionality, Identity Politics, and Violence against Women of Color. In: Stanford Law Review (1991), H.43, S.1241-1299. Eingesehen als Onlinequelle: URL: http://www.jstor.org/stable/1229039 (20.08.2017).

Dicker, Ron: 'Free The Nipple' Campaign Re-Emerges After Icelandic Teen Mocked Online, 27.03.2015. In: huffingtonpost.com, URL: http://www.huffingtonpost.com/2015/03/27/free-the-nipple_n_6956978.html (27.08.2017)

dpa: Studie von Maria Furtwänglers Stiftung: Frauen im Fernsehen deutlich unterrepräsentiert, 13.07.2017. In: Meedia.de, URL: http://meedia.de/2017/07/13/studie-von-maria-furtwaenglers-stiftung-frauen-im-fernsehen-deutlich-unterrepraesentiert/ (26.08.2017).

Drüeke, Ricarda: Öffentlichkeiten im Umbruch – theoretische Überlegungen zu Online- Öffentlichkeiten und Geschlechterverhältnissen. In: Birgit Riegraf/Hanna Hacker/Heike Kahlert/Brigitte Liebig/Martina Peitz Rosa Reitsamer (Hrsg.): Geschlechterverhältnisse und neue Öffentlichkeiten: Feministische Perspektiven. [Forum Frauen- und Geschlechterforschung. Schriftenreihe der Sektion Frauen- und Geschlechterforschung in der Deutschen Gesellschaft für Soziologie. Band 36.] 1. Aufl. Münster 2013, S. 92-111.

Drüeke, Ricarda: Rethinking Political Communication and the Internet: A Perspective from Cultural Studies and Gender Studies. In: Elke Zobl/dies. (Hrsg.): Feminist Media. Participatory Spaces, Networks and Cultural Citizenship. [Critical Media Studies. Band 9.] Bielefeld 2012, S.226-237.

Fraser, Nancy: Rethinking the Public Sphere: A Contribution to the Critique of Actually Existing Democracy, In: Craig Calhoun (Hrsg): Habermas and the Public Sphere. Cambridge/Massachusetts 1992, S.109-142.

Fraser, Nancy: Öffentliche Sphären, Genealogien und symbolische Ordnungen. In: dies. (Hrsg.): Die halbierte Gerechtigkeit. Frankfurt/M. 2001, S.127-248.

Habermas, Jürgen: Strukturwandel der Öffentlichkeit. Untersuchungen zu einer Kategorie der bürgerlichen Gesellschaft. Frankfurt/M. 1990.

Hansen, Miriam: Early Silent Cinema: Whose public sphere? In: New German Critique.The Origins of Mass Culture: The Case of Imperial Germany (1871-1918) (1983), H.29, S.147-184. Eingesehen als Onlinequelle: URL: http://www.jstor.org/stable/487793 (21.08.2017).

Haraway, Donna: Die Neuerfindung der Natur. Primaten, Cyborgs und Frauen. Frankfurt/M./New York 1995.

Harris, Anita: Online Cultures and Future Girl Citizens. In: Elke Zobl/Ricarda Drüeke (Hrsg.): Feminist Media. Participatory Spaces, Networks and Cultural Citizenship.[Critical Media Studies. Band 9.] Bielefeld 2012, S.213-225.

Heawood, Sophie: #Freethenipple: Liberation or Titillation?, 06.04.2015. In: The Guardian, URL: https://www.theguardian.com/life-andstyle/2015/apr/06/free-the-nipple-liberation-photos-breasts (27.08.2017).

Hermanns, Dirk/Koenen, Andrea/Konert, Bertram/ Michalski, René: Werkstattbericht: Interdisziplinärer Diskurs über den Wandel der Privatheit und die Rolle der Medien. In: Ralph Weiß/Jo Groebel (Hrsg.): Privatheit im öffentlichen Raum. Medienhandeln zwischen Individualisierung und Entgrenzung. [Schriftenreihe Medienforschung der Landesanstalt für Rundfunk Nordrhein-Westfalen. Band 43.] Opladen 2002, S.549-612.

Jones, Jeffrey P.: Parody, Performativtiy and Play. In: John Hartley/Jean Burgess/Axel Bruns (Hrsg.): A Compantion to New Media Dynamics. Chichester/Oxford 2013, S.S.396-406.

Klaus, Elisabeth: Kommunikationswissenschaftliche Geschlechterforschung. Zur Bedeutung der Frauen in den Massenmedien und im Journalismus. Opladen/Wiesbaden 1998.

Klaus: Öffentlichkeit und Privatheit. Frauenöffentlichkeiten und feminstische Öffentlichkeiten. In: Ruth Becker/Beate Kortendiek (Hrsg.): Handbuch Frauen- und Geschlechterforschung Theorie, Methoden, Empirie. Wiesbaden 2004, S.209-216.

Klaus, Elisabeth/Drüeke, Ricarda: Öffentlichkeiten in Bewegung? Das Internet als Herausforderung für feministische Öffentlichkeitstheorien. In: Tanja Maier/Martina Thiele/Christine Linke (Hrsg.): Medien, Öffentlichkeit und Geschlecht in Bewegung. Forschungsperspektiven der kommunikations- und medienwissenschaftlichen Geschlechterforschung. Bielefeld 2012, S.51-70.

Ketler, Alanna: Female nipples are causing an internet storm and here's why (nudity). #Freethenipple, 10.06.2015. In: Collective Evolution, URL: http://www.collective-evolution.com/2015/06/10/female-nipples-are-causing-an-internet-storm-heres-why-nudity-freethenipple/ (28.08.2017).

Lünenborg, Margreth: Ins Bild gesetzt und aus dem Rahmen gefallen – Zum Wandel der Darstellung von Frauen in den Medien. In: Ministerium für Gesundheit, Emanzipation, Pflege und Alter des Landes Nordrhein-Westfalen (Hrsg.): Frauen in den Medien. Dokumentation der Veranstaltung zum Internationalen Frauentag 2010, Neuss 2010, S.6-15, Eingesehen als Onlinequelle, URL: https://www.gleichstellungsministerkonferenz.de/documents/Frauen_in_den_Medien.pdf (27.08.2017).

Macur, Elisabeth: Weibliche Diskurskulturen. Privat. Beruflich. Medial. [Bonner Beiträge zur Medienwissenschaft. Band 9.] Frankfurt/M. 2009.

Marwick, Alice E.: Online Identity. In: John Hartley/Jean Burgess/Axel Bruns (Hrsg.): A Compantion to New Media Dynamics. Chichester/Oxford 2013, S.355-364.

Maxim Staff: Eight times smoking hot celebreties ditched their bras and made the world a sexier place, 15.06.2017. In: Maxim, URL: https://www.maxim.com/women/celebrities-braless-2017-6 (26.08.2017).

Megarry, Jessica: #FreetheNipple or #FreeMaleDesire? Has social media really been good for feminism? , 20.04.2015. In: Feminist Current, URL: http://www.feministcurrent.com/2015/04/20/freethenipple-or-freemaledesire-has-social-media-really-been-good-for-feminism/ (26.08.2017).

Orlowski, Andrew: Most Bloggers "Are Teenage Girls" – Survey, 30.05.2003. In: The Register, URL: https://www.theregister.co.uk/2003/05/30/most_bloggers_are_teenage_girls/ (27.08.2017).

Pesce, Mark: The New Media Toolkit. In: John Hartley/Jean Burgess/Axel Bruns (Hrsg.): A Compantion to New Media Dynamics. Chichester/Oxford 2013,S.429-438.

Preglau, Max: Öffentlichkeit versus Privatheit: Grenzziehungen und –Verschiebungen in geschlechterkritischer Beleuchtung. In: Erna Appelt/Brigitte Aulenbacher/Angelika Wetterer (Hrsg.): Gesellschaft. Feministische Krisendiagnosen. [Forum Frauen- und Geschlechterforschung. Schriftenreihe der Sektion Frauen- und Geschlechterforschung der Deutschen Gesellschaft für Soziologie. Band 37.] 1. Aufl. Münster 2013, S.146-166.

Revesz, Rachel: 'Free the nipple' campaigners launch legal fight to expose their breasts, 01.06.2017. In: Independent UK, URL: http://www.independent.co.uk/news/world/americas/free-the-nipple-campaigners-launch-legal-fight-to-expose-their-breasts-a7059676.html (28.08.2017).

Riegraf, Birgit/Hacker, Hanna/Kahlert, Heike/Liebig, Brigitte/Peitz, Martina/Reitsamer, Rosa: Zur Einleitung: Geschechterverhältnisse und neue Öffentlichkeiten. Feministische Perspektiven. In: dies. (Hrsg.): Geschlechterverhältnisse und neue Öffentlichkeiten. Feministische Perspektiven. [Forum Frauen- und Geschlechterforschung. Schriftenreihe der Sektion Frauen- und Geschlechterforschung in der Deutschen Gesellschaft für Soziologie. Band 36.] 1.Auflage. Münster 2013, S.7-17.

Schäfer, Mirko Tobias: Instabile (Gegen-)Öffentlichkeiten. Online-Plattformen als hybride From gesellschaftspolitischer Debatten. In: Ingeborg Baxmann/Timon Beyes/Claus Pias (Hrsg.): Soziale Medien- Neue Massen. 1. Aufl. Zurüch/Berlin 2014, S.281-300.

Schiewe, Jürgen: Öffentlichkeit. Entstehung Wandel in Deutschland. Paderborn 2004.

Schmidt, Jan-Hinrik: Practices of Network Identity. In: John Hartley/Jean Burgess/Axel Bruns (Hrsg.): A Compantion to New Media Dynamics. Chichester/Oxford 2013, S.365-374.

Slaoui, Souad: How much Digitall Activism plays a role in Political Activism. A case study of Marocco's February 20th movement. In: Journalism and Mass Communication (2014), H. 4 S. 163-171. Eingesehen als Onlinequelle: URL: http://www.davidpublisher.org/Public/uploads/Contribute/558108a4e2ce8.pdf (28.08.2017).

Steiner, Linda: Using New Technologies to Enter the Public Sphere, Second Wave Style. In: Elke Zobl/Ricarda Drüeke (Hrsg.): Feminist Media. Participatory Spaces, Networks and Cultural Citizenship.[Critical Media Studies. Band 9.] Bielefeld 2012, S.182-193.

Von Liechtenstein, Alfred: Öffentlichkeit-Transformation eines politischen Konzepts durch Technik? In: ders. (Hrsg.): Internet und Öffentlichkeit [Wiener Vorlesungen. Konservatorien und Studien. Band 13.], Wien 2002, S.11-34.

Weiß, Ralph: Vom gewandelten Sinn für das Private. In: ders./Jo Groebel (Hrsg.): Privatheit im öffentlichen Raum. Medienhandeln zwischen Individualisierung und Entgrenzung. [Schriftenreihe Medienforschung der Landesanstalt für Rundfunk Nordrhein-Westfalen. Band 43] Opladen 2002, S.27-88.

Wetterer, Angelika: Das erfolgreiche Scheitern feministischer Kritik. Rhetorische Modernisierung, symbolische Gewalt und die Reproduktion männlicher Herrschaft. In: Erna Apelt/Brigitte Aulenbacher/ dies. (Hrsg.): Gesellschaft. Feministische Krisendiagnosen. [Forum Frauen- und Geschlechterforschung. Schriftenreihe der Sektion Frauen- und Geschlechterforschung in der Deutschen Gesellschaft für Soziologie. Band 37.] 1.Aufl.. Münster 2013 S.246-266.

West, Lindy: Twitter doesn't think these rape and death threats are harassment, 11.12.2015. In: The Daily Dot, URL: https://www.dailydot.com/via/twitter-harassment-rape-death-threat-report/ (26.08.2017).

Wolfe, Ethan: #Freethenipple is another example of female narcissism and armchair activism, 13.04.2015. In: Return of Kings, URL: http://www.returnofkings.com/60523/freethenipple-is-another-example-of-female-narcissism-and-armchair-activismIn (27.08.2017).

Worthington, Danika: Federal judge orders Fort Collins to "free the nipple" — from city regulation, 22.02.2017. In: Denver Post, URL: http://www.denverpost.com/2017/02/22/topless-fort-collins-free-the-nipple-regulation/ (28.08.2017).

Wülfling, Gisela: Die öffentliche Frau. Ein vertrautes oder fremdartiges Zauberwesen? In: Margrit Brückner/Birgit Meyer/Gisela Wüffling (Hrsg.): Die sichtbare Frau. Die Aneignung der gesellschaftlichen Räume. [Forum Frauenforschung, Band 7. Schriftenreihe der Sektion Frauenforschung in der deutschen Gesellschaft für Soziologie.] Freiburg/i.Br. 1994,S.57-75.

Zeilinger, Julie: Here's What the Free the Nipple Movement Has Really Accomplished, 21.08.2015. In: Mic, URL: https://mic.com/articles/124146/here-s-what-the-free-the-nipple-movement-has-really-accomplished#.smR25XLOz (28.08.2017).

6.2 Filmographie

Acosta, Deborah: FREE THE NIPPLE? 26.01.2016. In: nytimes.com, URL: https://www.nytimes.com/video/fashion/100000004162595/free-the-nipple.html (26.08.2017).

6.3 Bildmaterial

Freethenipple: #FREETHENIPPLE TIME FOR #EQUALITY, 07.12.2014. In: facebook.com, URL: https://www.facebook.com/freethenipple/photos/p.824156917627828/824156917627828/?type=1&opaqopaqueC=Abp8WKhDolmXSO5N6R7xruxkEPDAvQABX_h02uhhOoNq9GIc_ewqljQoy0Hw9JKwe19e-T7gWUdacf5GidfOy9IUHycFxnJieGakI-ZvWJ0mH7EoUV7GQ01LrCErdVMika5UQYEdat70cfGZJv3y4lT01g799hCDIucmSh0gQlqPTBDgNaFyHcrBZ2pC1BX7JC5Id-edslhHQpGRSFG9u9BbU0Pzc2XTPX-JujKZ4zdBCnrFH3SQ49Ainrpxj7JF4CKFcvaOoA0dzj8VgEYuFcpHF5h5bG09QCP5EXtAiWoTLnY-uCEXt81kmVYZf10kpm58nHUhZDh916HGXQVVZe7FPr-SuoJWt2Ka47szBTaIroAZKsCqytQ5bxTrt5gxg16WU47stao2xkCtEi2wj207v5Li3LJwEc8Wu7x0SG9BVK-8TUkwxjYymsz4QH7szv6xKwA&theater (25.08.2017).

Freethenipple: The Official Free The Nipple Account, 03.04.2017: In: instagram.com, URL: https://www.instagram.com/p/BSbeKRBBbOv/?taken-by=freethenipple (26.08.2017).

Freethenipple: The Official Free The Nipple Account, 19.05.2017. In: instagram.com, URL https://www.instagram.com/p/BURuIBoh3MH/?taken-by=freethenipple (26.08.2017).

6.4 Sonstiges

EL Joe Benitez, 10.08.2017. In: facebook.com, URL: https://www.facebook.com/ElJoeBenitezArtist/posts/10154751851351524 (27.08.2017).

Nick Mason, 26.07.2017. In: facebook.com, URL: https://www.facebook.com/permalink.php?story_fbid=280409955701009&id=100011960197759 (26.08.2017).

facebook.com, URL: https://www.facebook.com/groups/288524074880878/ (27.08.2017).